東大現役合格・首席卒業生の超勉強法。

INTRODUCTION

↓

現役合格・首席卒業生が教える 超勉強法 ―はじめに―

高校生のころ、私は三つの部活動を掛け持ちしていました。三重県代表として中部大会に進出する強豪演劇部の部長をしつつ、文芸部で高三の秋まで小説を書いていました。高三の夏には、ディベート部で全国大会にも出ました。

勉強自体が嫌いだったわけではないのですが、勉強よりも好きなことがたくさんありました。学校行事、友人関係、趣味のマンガetc……。好きなことはあきらめたくありませんでした。

ただ、負けず嫌いな性格なので、勉強の方でも結果を出したいと思っていました。しかし、私が育ったのは、大手予備校に通うには、往復二時間半もかかる田舎。東大受験に関して、頼りになる家庭教師も見つかりません。

その自分のおかれた状況の中で、精いっぱいの工夫をし、私は東大現役合格を勝ち取れました。そこで確立した勉強法で、大学でも人気学科に進学、学科首席で卒業しました。現在、仕事をする中でも役立っている私の勉強法をお伝えしたいと思います。

著者
吉田裕子

三重県立四日市高校から塾・予備校を利用せずに、東京大学文科Ⅲ類に現役合格。全国模試5位や東大模試2位をとったことも。教養学部超域文化科学科を学科首席で卒業

高校時代までは勉強漬けとは無縁の生活

↓

高3秋まで勉強よりも部活に一所懸命

・

学校行事にも中心的な役割で参加

・

塾には一度も行っていない

・

もちろん家庭教師も雇っていない

↓

なのに

東大現役・首席卒業

を果たした勉強法とは

1 基礎力

東大に入るマインドとは

成果を出すために何より重要な基礎となるのが、持久力。自分のやる気に期待しすぎず、「仕組み化」することが重要だと思います。一時的なやる気に頼らず、勉強を当たり前の習慣にしてしまうことがコツでした。

　とはいえ、モチベーションがあるかないかで、知識を吸収する度合いもまったく変わります。やる気をキープし続けるべく、私は多くのモチベーション源をもつようにしていました。「東大で勉強したい」というポジティブな動機と、「落ちたらカッコ悪い」というネガティブな動機を組み合わせるのが効果的でしたね。

　ただ、ストイックに自分を追い詰めすぎるのは考え物。思うように結果を出せない事態に直面してポキッと心が折れてしまうことがあるからです。時には、上を見るばかりでなく、下を見ることも必要。私もたまに、「あの子よりは勉強しているよな」と自分を慰めていました。自信と危機感のバランスをコントロールできたら最強です。

モチベーションの源を多くもつ

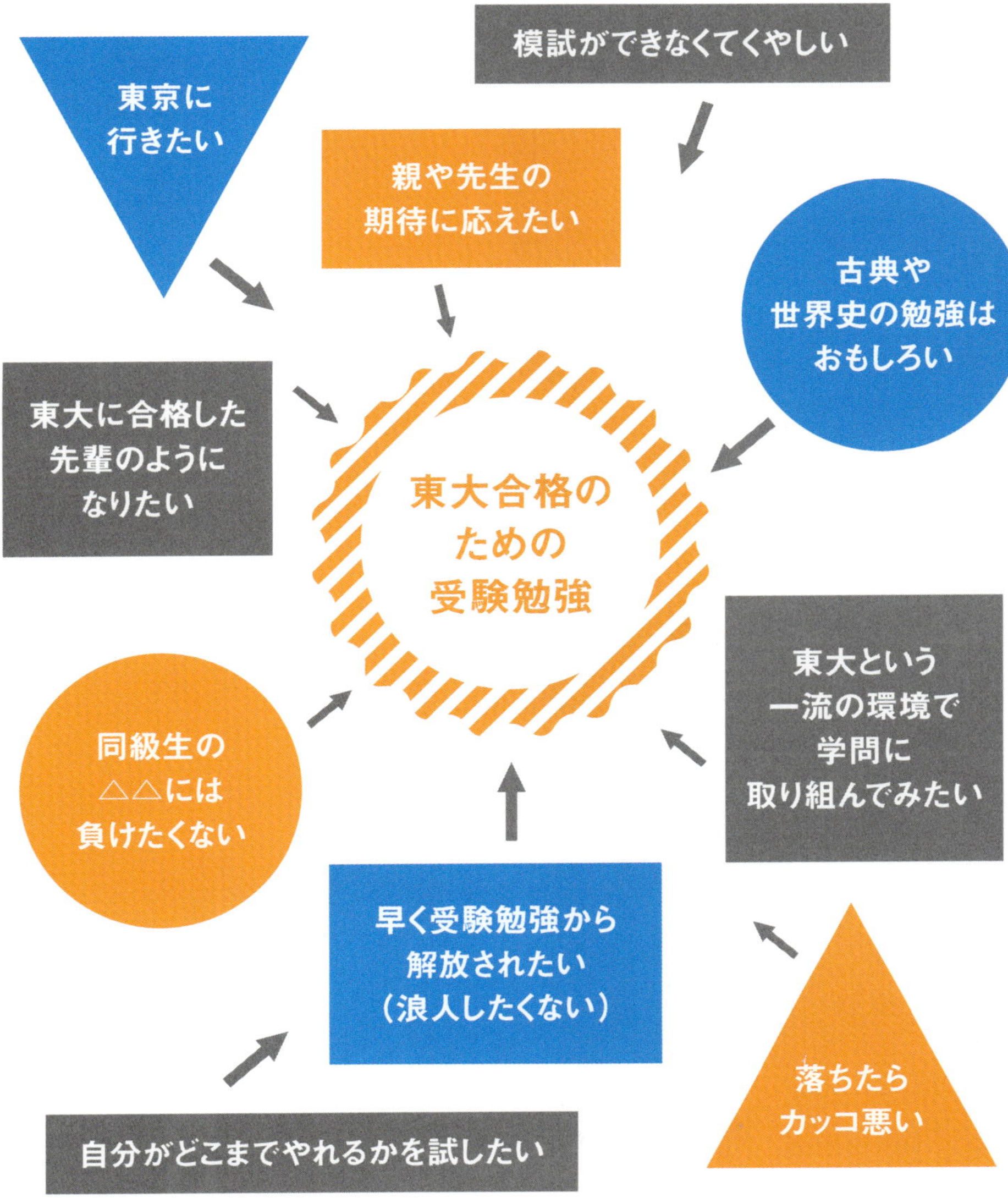

↓

2 受験に挫折しないための思考法

予備校の生徒から「落ちたらどうしよう」、「不安で勉強が手につかない」という声を聞きます。

私が心がけていたのは、「モヤモヤした不安を具体的な課題に分解すること」でした。私が苦手だったのは数学で、「どうしてこんなに数学ができないんだろう」と途方に暮れることもありました。しかし、「数学の中で特にできないのはベクトル」↓「ベクトルの中でも空間ベクトル」↓「立体図形のイメージが苦手だから、一つひとつ図形を描いて、納得をしながら問題演習を重ねよう」というように、悩みを分解していくことで、具体的な解決策、日々の行動につなげていきました。

そのときに重要だったのが、ゴールを見据えること。時間は限られていますから、課題にも優先順位をつける必要がありました。

現状を客観的に分析し、目標に向け、何をどうやるのかを自分の頭で考える。そんな自ら考える姿勢は、実際に問題を解く中でも重要でした。

東大現役合格の思考法

↓

東大の配点と出題傾向は
こんな風になっているんだな

↓

得意の英語は形式に
慣れる演習中心で
苦手の世界史の論述に
力を入れよう

↓

合格

要因 ▼

得意科目で人に差をつけられた!

・

苦手科目も
何とかしのぐことができた

一般的な思考法

↓

英語の問題が
なかなか解けないな……

↓

とにかく英語を勉強しよう!
まずはやっぱり英単語だな!

↓

不合格

要因 ▼

単語がわかっても長文の
訓練不足で読めなかった

・

英語にかまけて数学や国語に
足を引っ張られた

3 断捨離

いつまでやるかより、どこまでやるか

時間をどう使うかに断捨離の精神を発揮していたように思います。やることとやらないことを区別すること、特に、何をやらないかをはっきりと決断することが重要でした。

部活で多忙なころは取り組めることが限られました。「何をやらなかったら手遅れになるか」を見極め、それを中心に勉強。欲張らなかったおかげで確かな学力がつき、後で役立ちました。

また、夜遅い時間には疲れて集中できないことがわかっていたので、夜10時を過ぎたら「勉強しない」と決めていました。その分、10時までは集中して取り組めましたし、朝早く起きて学校で勉強する習慣がつきました。

参考書や問題集に関しても、断捨離の精神がありました。「人が薦めたから買う」ということはせず、必ず自分で吟味しました。書店ではたくさんの教材を眺めるものの、必要なものだけを買いましたね。買った後は、「あっちの方がよかったかな～」などと揺らがずに、集中して取り組みました。一冊に繰り返し向き合うことで、真に自分のものとすることができました。

吉田さんの年間スケジュール

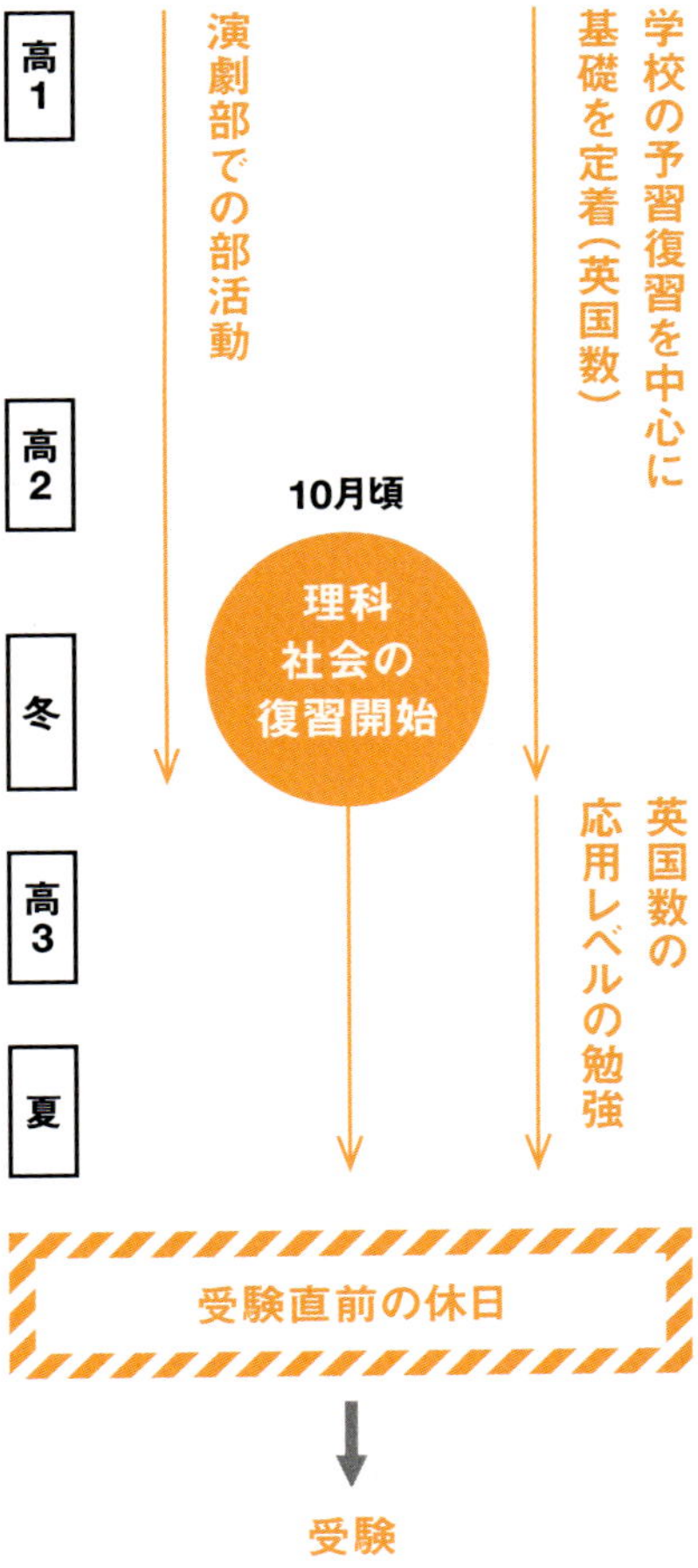

部活動をやっていた頃の平日

自主学習時間は2～3時間程度。危機感がなく家では集中できなかったので、早朝学校で勉強した

5:30	起床
7:00～8:30	学校で自習
8:00～16:00	授業など
16:00～18:00	演劇部/文芸部/ディベート部の部活動
19:00～20:00	夕食
20:00～22:00	予習など
22:00～23:30	自由時間
23:30	就寝

受験直前の休日

勉強時間は15時間程度。やる科目をこまめに切り替えることで集中力を維持していた

6:30	起床 ラジオ体操・朝食
7:00～12:00	勉強
12:00～12:30	昼食
12:30～18:00	勉強
18:00～19:00	夕食・お風呂
19:00～24:00	勉強

CONTENTS

勉強法とは?

第5章　これだけは読んでおきたい 東大現役合格生の座右の書

第6章　これが東大入試の問題です

第7章　東大って、どんなトコロ?

現役合格・首席卒業生が教える

東大生の超

受験勉強は丸暗記ばかりでつまらない……、そう思っていませんか?東大に入るための勉強には、実は社会に出てからも役に立つことがたくさんあるんです。本書では、効率のよい記憶術、うまく話せるための思考法など、誰も教えてくれなかったヒミツをお教えします。これを読めば、勉強にも、仕事にも、さらなる力を手に入れられることでしょう。

CONTENTS

▼*Theme*

大切なのは〝地頭〟です

基礎を身につける勉強法

知識を詰め込むだけでは頭のよい人にはなれないもの。大事なのは身に付けていく方法です。自分の生活に合った勉強法を工夫することが賢い人になるための第一歩です。

どう勉強するかの第一歩は何を勉強するか

勉強しようと決心したけれど、何をしていいかわからず、とりあえず英会話を習いはじめてみた。でも、仕事が忙しくなって、いつの間にか行かなくなってしまった。そんな経験がある人も多いのでは？　「とりあえず」で取り組みはじめたものは、勉強のモチベーションが続きにくい

↓

自分の仕事のバックグラウンドにあるものを学ぶ

- 総務の事務処理の背景にある社会保障関係の法律
- 進出先の国の歴史・宗教など

勉強しよう！　そんな思いが芽生えたら、その第一歩は何を勉強するかを決めることです。オススメは、**自分の仕事・生活の背景にある分野を学ぶ**こと。実践的な効果が出やすく、勉強のモチベーションが持続しやすいのです。

「地頭のいい人」が求められているといいます。表面的な知識の多い「ガリ勉」、「雑学王」タイプではない、根本的に頭がよい人を指す言葉です。「地頭は生まれもった才能の問題」とあきらめてしまう人

地頭を鍛えよう

1

「頭の良さ」の多くは「知識」でなく「考え方」

求められるのは、知識偏重の頭でっかちな人間ではない。実際の場面で頭を働かせることができる地頭のよい人間だ。たとえば、地頭の良さを評価する基準のひとつにスピードがある。だから、勉強や経験を積み重ねて反射が速くなってくると、「頭がよい」という印象をもたれるようになる

2

「センス」や「ひらめき」もトレーニングできる

「センスがよい」というのは、知識を活用するのが上手だったり、目のつけどころ（着眼点）が優れていたりすること。また、ある知識と別の知識が結びついて生まれるのが「ひらめき」。もちろん天性の才能による部分もあるが、勉強次第で鍛えることも可能だ。勉強の方法を意識したい

3

人から学ぶ!　ロールモデルを見つけよう

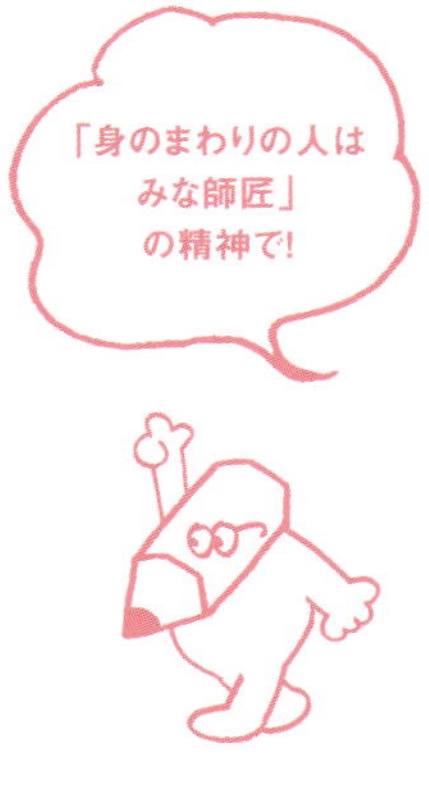

憧れの先輩

尊敬する上司

大好きな著名人

がいます。しかし、**勉強法を工夫することで、地頭も鍛えることが可能**です。たとえば、発想法など考え方それ自体をトレーニングする方法。何か具体的な分野を勉強するときにも、学び方を工夫することで賢くなるものです。

　勉強は、授業や書籍からだけでなく、人からもできます。こんな風になりたいという憧れの人がいたら、「ロールモデル」にしてみましょう。その人の考え方、スキル、ふるまいを自分の生活に取り入れてみるのです。かの松下幸之助さんは、「石から学べ」といいました。道端に転がっている石ころも含め、身のまわりのすべてから学ぶ姿勢をもとうと呼びかけたのです。**こちら側の学びスイッチが入っていれば、何でも〝師〟になる**のですね。

Theme

教養深い人になる方法

〝スペシャリスト〟ではなく〝ゼネラリスト〟へ

誰しもが自分の得意分野を長所として伸ばし続けたいと思うもの。ですが、ただそれだけでは教養人にはなれません。時には自分とはかけ離れた分野を学ぶ、思い切りも必要です。

仕事に直結した専門知識とは別に、**人格・品格を高めるような幅広い見識のことを教養といいます。**社会人になると、どうしても自分の仕事に関わる分野以外に疎くなってしまいがち。「専門バカ」といわれてしまうような人もいます。ある分野のプロであることを超え、一人の大人として魅力的であるために、教養を深めていきたいものです。

視野を広げたいと思ったら、**自身の専門とは離れた分野に挑戦する**のがおすすめ。理系

人間の幅を広げる

働いていると、自分の専門分野に詳しくなる一方で、それ以外の分野に疎くなりがち。視野がせまくなると、どうしても発想が凝り固まってしまう。そもそもアイデアというものは、自分の中にある知識のかけ合わせでしか生まれてこない。「幅広い教養」という一生モノの武器を身につけよう

自分の専門とは離れた分野を学ぶ

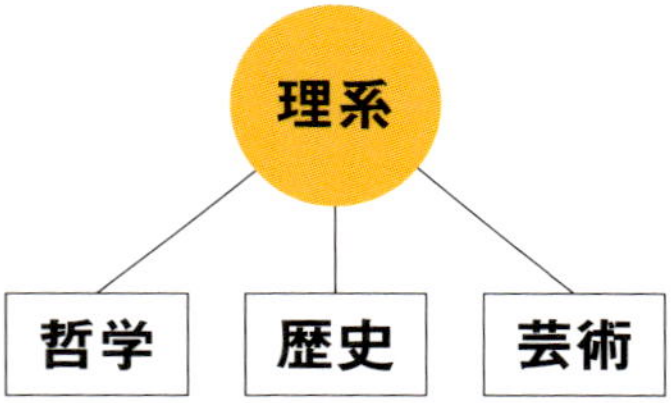

哲学・歴史の素養があると、発想の幅や付き合える人の幅が広がる。理屈抜きに感性で味わう芸術の世界もたしなんでおきたい

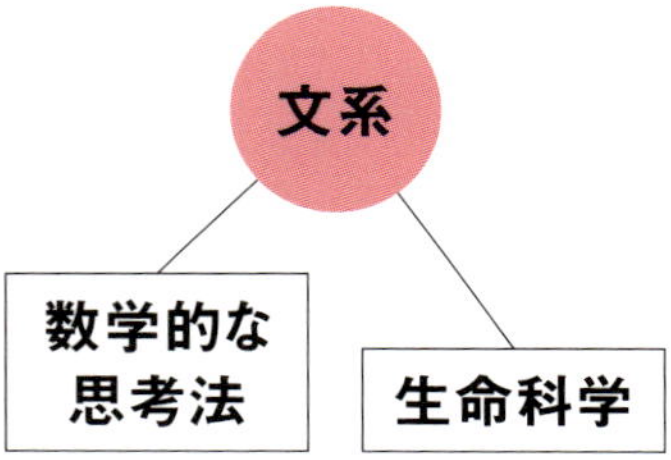

現代世界を理解するのに科学技術の素養は欠かせない。論理的・客観的な理系のものの考え方も身につけておきたい

古典を学ぶ

一流の大人にとって常識とされるものをたしなむ

例: 源氏物語 ／ 論語 ／ 夏目漱石 etc

たしなむ
①概観

あらすじや登場人物をおさえ、作品の全体像を把握する。その作品が話題にのぼったときには話についていけるという段階

たしなむ
②問題意識

作品にふれ、自分なりの感想をもとう。印象に残る場面、注目したセリフや格言について、自分なりの持論を展開できる段階

↓

例:源氏物語の場合

①源氏物語の書かれた年代やあらすじを知る
②なぜ光源氏は多数の女性に恋をするのか、それに対する自分のひとつの考えをもつ

研究職の人なら、哲学や歴史の本を読んだり、芸術にふれたりするのがよいでしょう。異分野を取り込んでいくと、発想の幅も広がります。**アイデアはゼロからひらめくより、もっている知識の掛け算から生まれることが多い**ものです。

また、年を重ねるとともに深めていきたいのが古典への造詣。日本古典文学の傑作『源氏物語』や、政治家や経営者に読み継がれてきた『論語』など、まずは読みやすいダイジェスト版から読みはじめたらいかがでしょうか。あらすじなどを把握するとともに、自分なりの視点から作品を語れるようなポイントを見つけたいものです。

能・狂言、歌舞伎などの伝統芸能も、その観賞のマナーとあわせて大人の教養のひとつといえます。

▼Theme

少しのポイントで大きく伸ばす勉強法

1を知り10を得る方法

知識を深めることと教養を深めることは似て非なるもの。学びに対する考え方を普段の勉強に加えることで、格段に効率をアップさせる習慣を身に付けていきましょう。

縦展開

その分野を深く掘り下げる

入門書を読んだら、その分野の古典的名著や最先端の一冊に挑戦してみる。ある時代の歴史を学んだら関連史跡を訪ねてみる。そんな風にどんどん掘り下げていこう。本を読んで学ぶ場合、まずは1分野で5冊読み切ることを目標に

流れや因果関係を発見

自分なりに流れや因果関係を発見し、獲得した知識を体系化していこう。勉強する中で、ふと「○○って◇◇なんだな」と感じる瞬間があったらそれは宝物だ

その分野の肌感覚の獲得

その分野のカンが養われてくる。ここにいたるには知識のインプットより、五感をフル活用した学びやアウトプット型の勉強が効果的。おもしろさを自分の言葉で語ってみよう

縦展開と横展開の習慣がついたら、ひとつの学びから無限の可能性が広がるようになります。

縦展開は、ひとつのテーマを深めていく学び方です。井戸を掘り進めるように、どんどん掘り下げていきます。**横展開は、学んだテーマと関連のある分野に勉強の視野を広げていくこと**です。

たとえば、あなたが歌舞伎に興味をもったとします。まずは縦展開。歌舞伎についてどんどん吸収していきます。歌舞伎座に足を運んで公演を

横展開

共通点（普遍性）と相違点（個性）

複数のものを比較することで、共通する部分（普遍的な性質、物事の本質）と、それぞれに異なる部分（個性）が明確になる。違いが生まれている原因を考えてみるとさらに学びが深まる

同様の他分野に目を転じる

関連する分野をいくつか学んでみる。それぞれを深く究めるというより、最初に学んだ分野と比較対照するようなつもりで学ぶとよい

一石二鳥を考える

例: 英語の勉強と経営の勉強

英字新聞の企業情報を題材に勉強する

複数のことを並行して勉強する場合には、一石二鳥や相乗効果を狙いたいところ。たとえば、英語1時間＋経営1時間＝計2時間とバラバラに勉強するよりも、英語&経営の勉強で1.5時間という方が効率的である

鑑賞したり、歌舞伎の歴史についての本を読んだり、役者が舞台にどのような思いで臨んでいるのかを語った雑誌のインタビュー記事を読んだりしてみるのです。

次に横展開。今度は、能・狂言・文楽など、ほかの日本伝統芸能にも目を向けてみましょう。歌舞伎との比較を通じ、どの伝統芸能にも共通するような普遍性が見つかることもあります。一方で、ジャンルごとの個性が見えてくることもあると思います。その個性の背景にあるものを探る中でまた気づくことがあるでしょう。

横展開をしてみた中で、気になるジャンルがあったら、今度はそのジャンルを縦展開。そして、また横展開……。こうして学びは無限に広がっていくのです。

第1章 頭のよくなる勉強術

▼Theme

WhyよりもHowで考えよう

ポジティブな思考法がカギ

苦手な分野は無意識の内に敬遠しがちではないでしょうか。課題を後回しにするのではなく、どのようにすれば問題が明確になるかを客観的に分析することがポイントです。

WHY型の思考

✗ **どうして覚えられないんだろう？**

覚えられない自分にイライラし、焦りが募るばかり。刻々とタイムリミットは迫ってくる。こう考えていると、暗記しなくてはならない量がどんどん多く見えてくる不思議……

✗ **どうして落ちちゃったんだろう？**

受験でも資格試験でも落ちるのは悲しいもの。ありえた未来を想像してせつなくなってしまうときもあるだろう。しかし、「たられば」を考えていても、一歩も前には進まない

悩み **このまま勉強していて受かるのかな…**

受かるかどうかは神のみぞ知る。どうせ結論の出ないことを悩んでいても仕方がない。そのヒマがあったら、少しでも合格に近づくように手を動かした方がよさそう

なかなか勉強や仕事が進まないタイプの人は、「どうして○○できないんだろう？」、「どうして○○しなかったんだろう？」と後ろ向きに考えがち。「もし、あのとき○○していたら、今ごろ□□だったのに」と、ありえた道を想像し、せつなく落ち込んでしまうのです。

しかし、そうして過去の自分を責めていると、前に進まないだけでなく、どんどん自信もなくなってしまいます。いつのまにか、前進するためのエネルギーまでなくなって

HOW型の思考

◎ どうやったら覚えられるだろう?

「どうやったら○○できるんだろう？」という質問は創意工夫のスイッチ。時間制限を設けたり、小テストをつくったり、達成時のごほうびを用意したり、ゲーム感覚で楽しもう

◎ どうやったら合格できるんだろう?

「いついつの試験で合格する」という目標を設定し、そこから逆算する形で行動プランを考えよう。他人や環境のせいにせず、自分自身の行動を工夫したいところ

課題 現状ではAとBの分野が弱い。Aはテキストの読み込み、Bは問題集で克服しよう。

目標と比べ、現状はどうなのか、客観的に分析してみよう。課題を具体化できたら、自然と解決策を考えるものだ。モヤモヤした悩みを具体的な行動に分解することを心がけて

しまうことでしょう。

同じ状況であっても、**「どうやったら○○できるんだろう？」と考えるようにすると、前向きな創意工夫のスイッチを入れることができます。**

思い付いたアイデアをどんどん実行してみる。押してダメなら引いてみる。フットワーク軽く、試行錯誤を繰り返せるようになったらしめたもの。困難な状況も、難しいゲームを攻略するかのように楽しむことができたら、もう怖いものはありません。

別のいい方をすれば、**漠然とした悩みを具体的な課題に分析するクセをつける**こと。

モヤモヤ悩んでいたって堂々めぐりをしてしまうばかりで前進しません。問題の所在を明らかにしたら、自然と解決策を考える方向に進むものです。

▼Theme

東大生のノート術❶

学びの効果を最大化！

ただ間違いや正解を書き写すだけででは大きな効果は得られません。間違いも正解の部分も分析検証し、きちんとアウトプットすることで得られるものを紹介していきます。

▼Subject

国語

答えまでの道筋が大切です

▼Point

- 答え合わせで終わらず、分析を書き留める
- 模範解答を自分の手で書き、自分のものに
- 関連事項を調べ、情報をノートに集約する

過去問演習では
東大入試本番と
同サイズの解答欄

左ページは、東大国語の過去問を演習したときのノートです。

東大国語は記述型の試験。自分で答案を書き上げるアウトプット型の勉強をすることが不可欠です。私の場合、本番と同サイズの解答欄をノートに設け、時間を計り、緊張感をもって演習することを心がけていました。

答え合わせをするときも、単純に○×をつけることはできません。模範解答と自分の解答をじっくりと見比べ、「どこまでは書けている」、

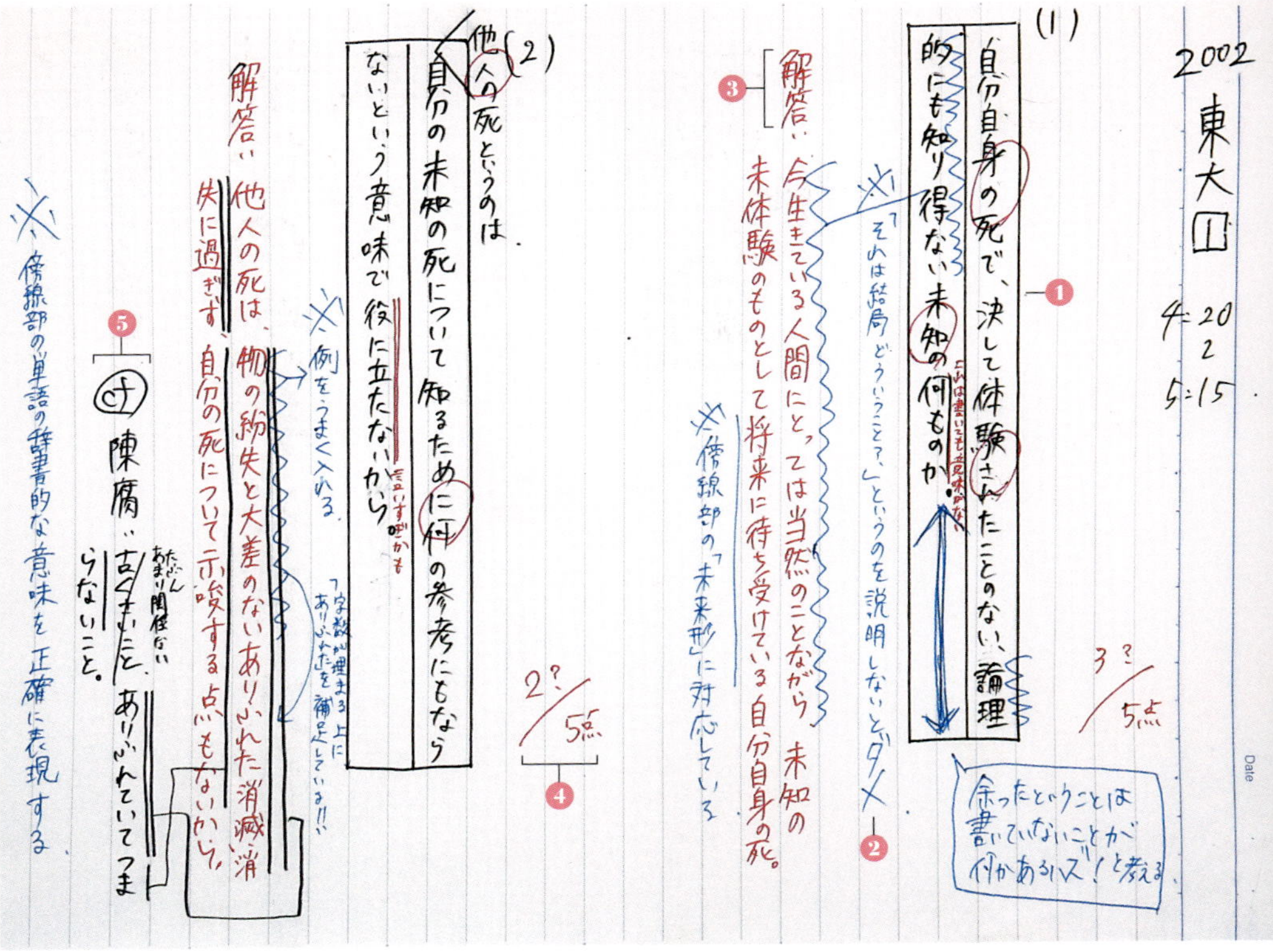

❶ 過去問演習では東大入試本番と同サイズの解答欄を書き、緊張感をもって取り組んだ

❷ 模範解答と自分の答えを比べ、足りない点を分析。青で書き留めその後の参考とした

❸ 模範解答の日本語表現を自分のものにしようと考え、必ず自分で書き写すようにしていた

❹ 問題を解いたらすぐ自分自身で採点をする。記述問題も自分なりに分析して点数をつけた

❺ 辞書や参考書で納得が行くまで調べていた。それもノートに書き、情報を集約した

「この内容は書けていない」などと検証することで、自分なりに採点をしていました。

工夫をしたのは、採点していて気付いた問題点や改善案を青ボールペンで書きこむようにしていたことです。「なぜ間違えたのか」、「これからどうしたらよいか」を言葉にすることで、そのあと別の問題を解くときにも活かすことができました。

問題集の模範解答は、ノートにそのまま書き写すようにしていました。簡潔に答えをまとめるための言葉遣いなどを参考にすることで、表現力アップにつなげようと思ったのです。

一題の演習を通して、できるだけ多くの学びを得る。私にとっては、その学びのために欠かせないツールがノートだったのです。

▼Theme

東大生のノート術❷

ノートを書きながら理解する

理解しづらい箇所は面倒でも丁寧に書き記し、自分専用の参考書をつくりましょう。そうしたプロセスを経ることで得られる効果は大きく表れるはず。早速実践してみましょう。

▼Subject

社会

暗記教科ではないんです

▼Point

- 重要な図表を自分自身の手で書いて消化する
- オレンジのペンで書き、暗記シートを活用する
- すべてをノートに書こうとしない

難しい分野を
まとめ直して
自分専用の
参考書に

授業中の板書をうつすノートとはまた別に、自分の理解を深めるためのノートをつくることもおすすめです。

全単元をまとめようとすると、時間がいくらあっても足りません。教科書や授業ノート・プリントを見たら理解できるような単元に関しては、いちいちまとめ直す必要はありません。**なかなか理解しにくい複雑な分野、似ていてまぎらわしい知識、問題集や模擬試験で間違えた箇所のぶんをつくれば十分**でしょう。

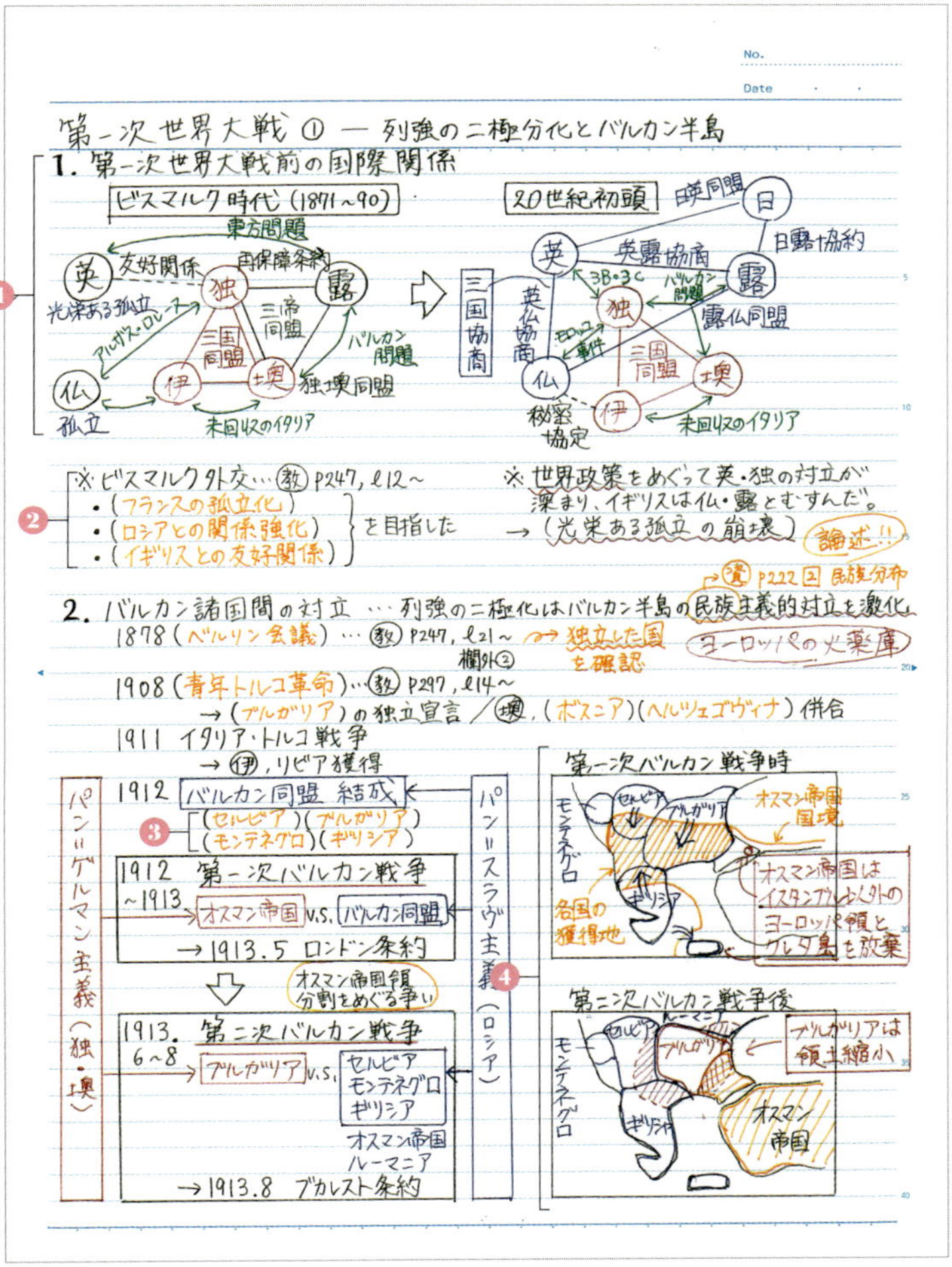

1
教科書・参考書を読むだけでは理解しにくい単元について、自分でまとめ直すことで理解する

2
ノートにはポイントだけを書く。くわしい説明や史料を参照しやすいように該当ページをメモ

3
オレンジ色で書いておけば、赤の暗記シートや下敷きをかぶせたときに消える。暗記もこれ1冊で

4
重要な地図は自ら描いて理解する。ポイントとなる部分さえわかれば、こまかく描く必要はない

面倒くさくても、地図や相関図を自らの手で描くことによって、実感や納得が生まれやすくなります。できあがるノートだけでなく、このプロセス自体があなたの財産になると思います。

理解に苦しんだ点については、説明を補っておきましょう。すべてを書かなくても、どこにくわしく書いてあるか、参照教材をメモしておけば、見返しても役立つ自分専用の参考書になります。

重要語はオレンジのペンで書いておくと便利です。赤の暗記シートや下敷きを重ねると、文字が消え、暗記しやすくなります。

書いてためになる、見返して思い出せる、赤で隠して暗記トレーニングにも使える。わざわざ書くなら**一石何鳥ものノート**を目指したいですね。

▼Theme

東大生のノート術❸

すっきり見やすく美しく！

とことん書き記してしまいたいところですが、数式だらけの数学は余白と統一性をもたせて見やすさを重視。ちょっとした部分を変えるだけで格段に見やすくなるはず。

▼Subject

数学

▼Point

- 問題と解答をセットで書く
- 図や表はフリーハンドで書く
- 計算や下書きは別のスペースで済ませる

思考を整理しましょう

余白をとり、黒一色でも読みやすいノートに

数学の問題演習のノートは、黒一色で書くのが一般的。それだけに、見やすいノート、見にくいノートの差がはっきり出るものです。

ぎちぎちに文字がつめこまれているノートは見にくく、復習する気も起こりません。数式については毎回改行するなど、**ケチらず余白をとったノートこそ、後で見返す甲斐がある**ものです。行頭の〝＝〟をそろえるなど、見やすい答案を書く習慣をつけておけば、入試本番でも好印象になることでしょう。

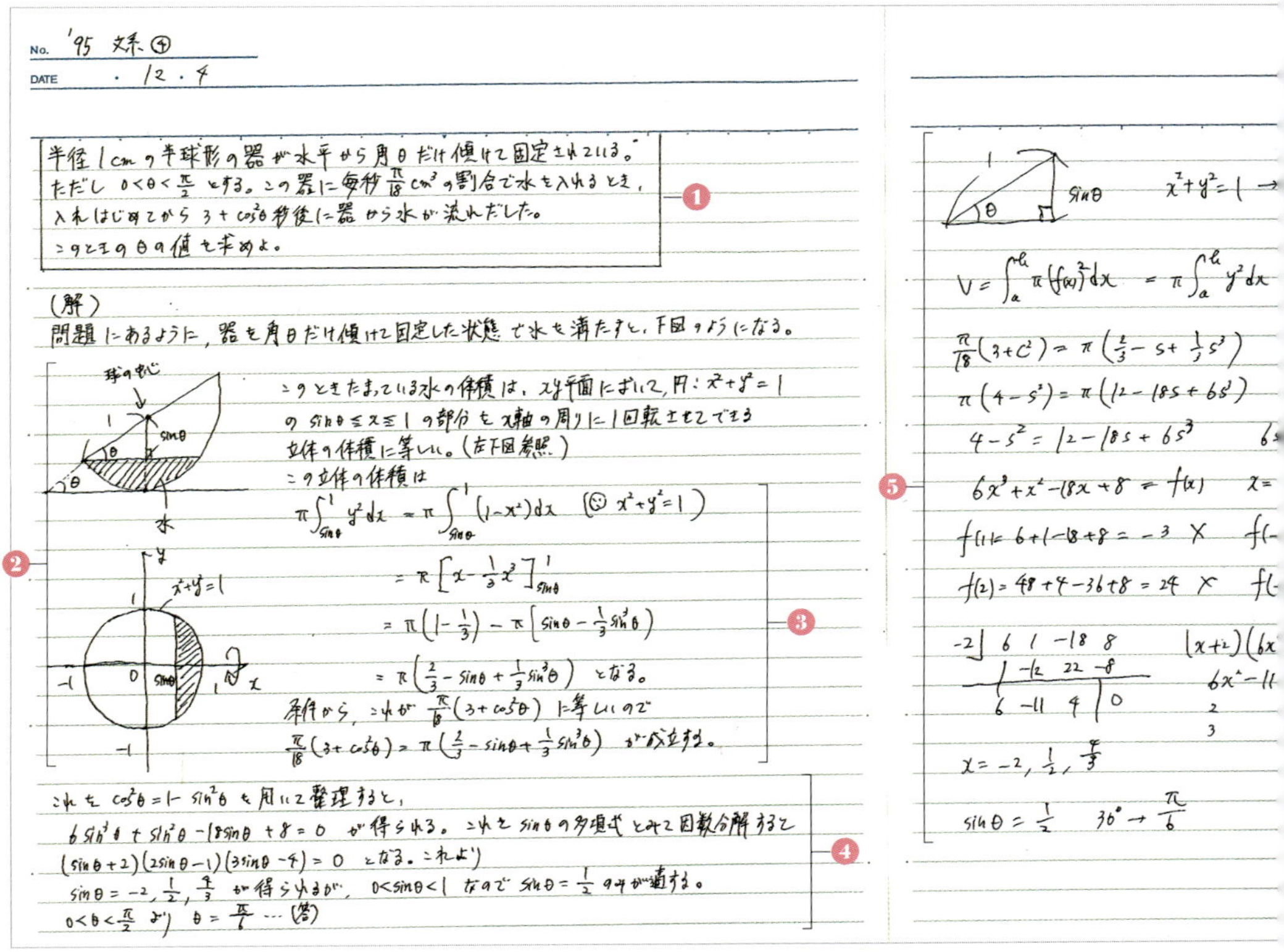

1
問題もセットで書き写しておけば、ノート1冊でいつでもどこでも復習が可能

2
図はフリーハンドで。いちいち定規を使うのは時間のムダ。罫線を利用し、きれいに直線を引こう

3
数式は1行ずつ改行して見やすく書く。ノートを書くときはケチケチせず、ゆったり余白をとろう

4
応用問題を演習するときは、本番同様、人にも伝わる分かりやすい答案づくりを

5
計算や下書きは別のスペースで済ませる。このノートでは見開きの左を答え、右を計算にあてている

途中計算や下書きなど、**最終的な論旨から外れる内容は、別のスペースに書く**ようにします。「ノートの右端3分の1で区切って使う」、「左ページを解答、右ページを計算と使い分ける」、「計算は計算用紙に行う」など、やり方はさまざまですが、見返したときに明快に筋を追える解答が残るようにしましょう。

問題もセットで書き写しておくと、これ一冊でいつでもどこでも復習ができるようになりますね。

キレイなノートをつくりたいがために、定規やコンパスで描く人もいますが、それは時間がかかってしまい、非効率的。ノートの罫線を利用して直線を引けば、十分見やすい図に仕上がるものです。試験答案をキレイに書くためにもフリーハンドの練習を。

▼Theme

東大生の暗記術

自分なりのアウトプットをする

暗記は反復が勝負！　とひたすらに勉強してもいざという時に思い出せず、はがゆい思いをしたこともあるでしょう。努力は必要ですが、無理なく覚えられるポイントを紹介。

暗記の定番といえば語呂合わせですが、用語から連想を働かせてストーリーをつくる方法もあります。できたストーリーを映像としてイメージすると、忘れにくくなります。法律の厳格な規定を「この条文、〇〇部長そっくり」と覚えるなど、**知人や地名に結びつけて覚えるのもひとつの手**です。

語呂合わせを覚えたり連想を働かせたりすると、覚える情報の量自体は増えているはずなのですが、かえって頭には入りやすくなります。

工夫して暗記の効果・効率アップ

1. 語呂合わせ
2. ストーリーのビジュアル化
3. 知人や場所などに結びつける

ここに挙げたのは一種のこじつけの暗記術だが、本質や因果関係を理解して覚えるという正攻法もある。英単語を覚える場合なら、単語を構成する語根を学び、各単語の語源を把握することで覚えていくような方法だ

「暗記」と
ひとくちにいっても
覚え方はさまざま

本で学んだことをノートにアウトプット

1. まぎらわしい用語を一覧にする
2. 文章で書かれていることを表や図にまとめ直す

ノートを書くのも時間がかかることなので、ここぞというときに取り組みたい。本でとびとびに出てくる用語を一覧にするなど、書く過程、自体が勉強になることが有効だ。P22～27のノート術も参考にしてみて

教えることで記憶する

1. ブログなどに書く
2. 勉強会を開くなど、人に教える機会をもつ
3. 人に授業をするように復習をする

友達に勉強を教えると、自分も勉強になったという経験はないだろうか。教えるためには、ポイントを見抜き、流れや因果関係を把握する必要がある。頑張って教えようとする中で、自然と知識は体系化されていく

インプットで終わらず、**アウトプットをすることも大切**です。問題演習のほか、ノートに書き出すことも効果的。すべてをまとめ直すのは非効率的ですが、まぎらわしい用語を一覧にするなど、納得することで記憶がはかどる部分では活用したいものです。

アウトプットの一環として、**人に教える**のもいいですね。仕事に関わる勉強をしているなら、会社の同僚と勉強会を開き、講師役を務めてみたらいかがでしょう。そうした機会がつくれない場合は、自室で架空の生徒相手に授業をしてみるのでも十分に効果があります。ブログやＳＮＳで紹介するのもいい方法で、**わかりやすく書こうと努める中で、知識が体系化**され、深い理解とともに記憶に残りやすくなります。

▼Theme

脳科学を活用する

脳の仕組みを味方につけよう

なぜ人は記憶を保つことができず忘却してしまうのでしょう。でも、何でも忘れてしまうわけではありません。記憶定着のテクニックを手に入れ、記憶力をさらに自分のものに。

エビングハウスの忘却曲線

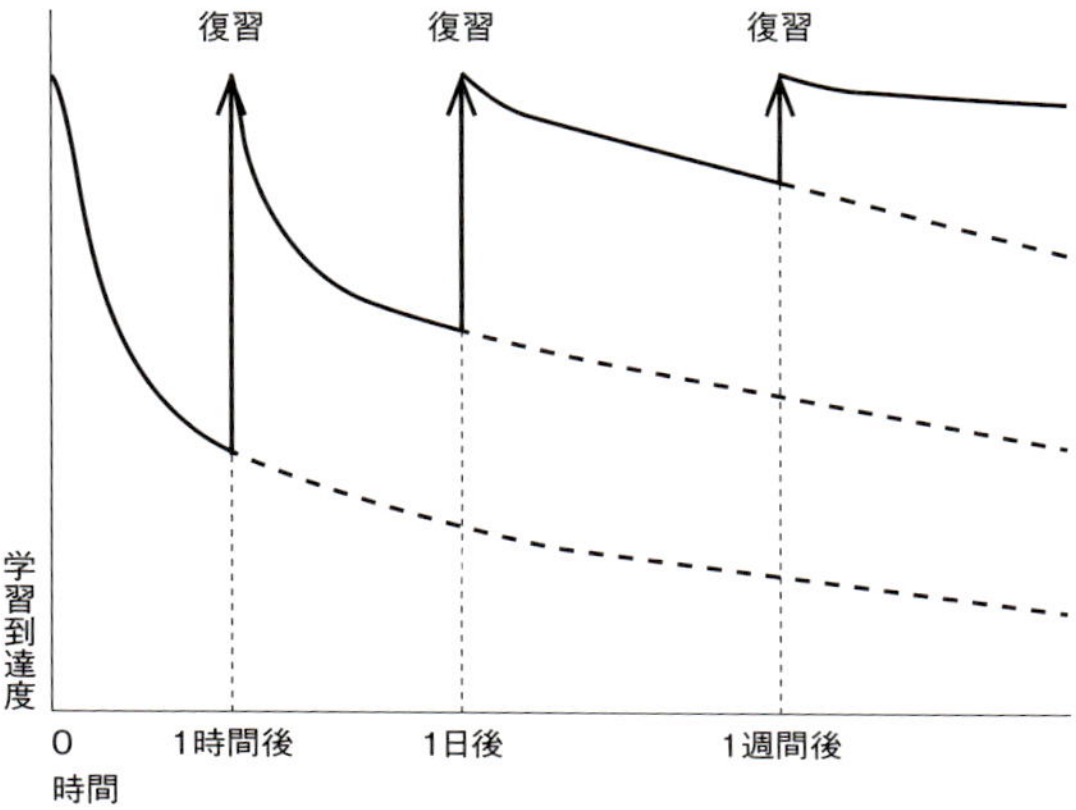

心理学者エビングハウスは、暗記した知識の忘却と復習の影響を調査した。１日経つと人は約60％のことを忘れてしまっているが、そこで復習をすると記憶が強化されて、忘れにくくなる。時間をあけて復習をくり返すと、記憶は定着することがわかる

復習のタイミング

1. **その勉強時間の終わり**

2. **寝る前**　**3.** **１週間後**　**4.** **1ヶ月後**

心理学や脳科学の見地を利用して勉強するのもひとつの手。

エビングハウスの忘却曲線によると、人間は暗記したことを一時間後には半分以上忘れているそうで、何もしないと、一ヶ月後には80％が忘却のかなただそうです。しかし一方で、復習をした場合は記憶が強化され、徐々に定着をしていきます。

復習は重要ですが、あまりに時間があくと効率が悪くなります。（定期テスト前にあわてて勉強をはじめたら、ゼ

アハ体験

感動とともに勉強する

◎ ああ、そうか!
おもしろい!

× つまらない
覚えればいいんでしょ

一夜漬けしたことを、定期テストが終わった瞬間にすべて忘れてしまったという体験をもつ人は多いだろう。アハ体験はこの逆。感動したことは忘れにくいのである。心からおもしろいと思えば何よりであるが、そうでなくても「へー、そうなんだ！」といってみよう。脳は錯覚を起こすという

ロから勉強するのに近い状態だったこと、ありませんか？）

まず、**その日その科目の勉強を終えるときに、テキスト・ノートを見返す**習慣をつけましょう。そして、**睡眠中の記憶定着を活かすために、寝る前も軽く復習する**のがおすすめです。そして一週間後、一カ月後にも復習すれば、確実な記憶へと育っていきます。

また、旅行や結婚式など、印象的な出来事はいつまで経っても覚えているものですね。これと同様に、**記憶する際に強い感動を抱いた知識は忘れにくい**という点に着目したテクニックが**「アハ体験」**です。たとえば、映像教材を見たり音読したりするなど五感をフル活用して勉強すると効果的。「へえ」と驚いてみせるだけでも、効果があるといわれています。

▼*Theme*

途中で挫折しない方法

専門分野の学び方

結果がすべてではないけれど、結果がモチベーションのひとつになっているのも事実です。大切なのは焦らず、最後まで諦めずに継続すること。必ず自分に返ってくるはずです。

挫折しやすい人の特徴

- □ 1. わからないことはすべて解決しないと気が済まない
- □ 2. できるだけ早く結果を出したいと思う
- □ 3. 一冊目に分厚い専門書を購入する

挫折しやすい人の代表格が完璧主義の人。完璧でなければ無意味だと考え、少しでも挫折すると投げ出してしまう。新たな分野に挑戦するときは、多少わからない部分があっても突き進もう。また、学力というのは、なかなか成果の見えない下積みの時期があって後半に一気に伸びてくるもの。前半のストレスに耐えるこらえ性が大事

専門分野を挫折せずに学ぶコツは**段階を踏むこと**。まずは親しみやすい入門書から入りましょう。マンガでもOK。背伸びせず、自分が十分に理解できるレベルを選んでください。この段階の目標は、その分野の雰囲気や専門用語にふれること。英単語がわかっていたら長文が読みやすいのと同じ。**専門用語を頭に入れておけば、この後の勉強が一気にラクになります。**

　次に、信頼できる著者・出版社の出している基本書に進

大切なのは勉強を続けること!

入門 マンガや新書などやさしい本で用語や雰囲気を知る

概観 専門書をとにかく一読して全体像を知る

基礎 一冊の専門書を再読、読み込んで知識を固める

応用 具体的な話題の本、問題集で実践につなげる

いきなり分厚い専門書から入るのは、挫折する原因のひとつ。まずはマンガや新書などわかりやすいものから入り、段階を踏んでいった方が結果として早くゴールにたどり着ける。段階的にでも、勉強を続けることが大事なのだ。まさに「急がば回れ」

みます。目次や前書き・後書きで全体像を何となく感じたら、**とにかく最後まで通読する**ことを目指しましょう。多少わからない部分があっても構いません。読み飛ばして、どんどん進みます。このとき、蛍光ペンはNG。わからないことが多いので、マーカーだらけになってしまいます。ここでは、何となくわかる分野と、苦手分野になりそうなところを見極められたら十分です。

通読したら、読み込み。下手に手を広げず、**「この一冊を極めるのだ」というつもりで取り組みます。**調べた関連事項なども、付箋を利用して、この本に集約していくことをおすすめします。

仕上げとして、具体的なトピックの本や問題集に進み、実践に結びつけましょう。

少しの時間で効率よく資格試験に合格!!

資格マニアが教える㊙勉強法

受験のテクニックが使えるものに、資格試験があります。ここでは資格マニアの鈴木さんに、試験におけるコツを教えてもらいました。

教えてくれたひと
鈴木秀明さん

All Aboutで「資格」ガイドを務める。東京大学理学部卒。東京大学公共政策大学院修了。取得資格は気象予報士、行政書士、中小企業診断士、証券アナリスト、宅建、FP1級など、難関資格から雑学系の資格まで240種以上。ほぼ毎週何かしらの資格試験を受けている。著書『ラクして受かる勉強法』（すばる舎）、『資格マエストロがこっそり実践する 驚異の『合格』勉強術』（ソフトバンククリエイティブ）

過去問や公式テキストからの出題比率を調べる

試験によっては「過去問の類問が繰り返し出題される」とか「全問題の○割以上は公式テキストの内容から出題される」といった傾向がみられるものがあります。当然ながら前者の場合には過去問を、後者では公式テキストをメインの教材として使うのが最も効率的だといえます。その傾向をつかむためにも、とにかくまずは過去問のリサーチから入りましょう。

「捨て科目」の取捨選択

多くの資格試験では試験内容がいくつかの科目や分野に分かれており、配点が低い科目や対策に時間がかかりそうな分野はあえて捨てる戦略をとることが可能です。苦手科目のほうがむしろ伸びしろがあるともいえるため、単純な好き嫌いではなく「得点力の伸びしろ÷労力投入量」がもっとも有利になるような取捨選択を行うべきでしょう。

問題集は「解く」のではなく「読む」

問題集は「解く」よりもむしろ「問題文と解説を読んで勉強する」という使い方がベター。わからないながらも読み進めていくことで、重要そうなポイントやよく出題される箇所がつかめてきますし、単調にテキストを読む勉強より飽きがきません。テキストはその後の段階で読むほうが内容の吸収効率が上がります。

積極的に「ヤマかけ」をする

「自分が出題者ならこういう問題を出すな」と考えながら参考書を読んでいくことで、ただ漫然と読むよりもはるかに内容が頭に入ってきます。参考書の内容を自分なりに吟味しながら読むクセがつきますし、ひっかけ要素として使われそうな関連キーワードを意識して覚えられるようになります。ゲーム感覚で勉強を進めていくこともできます。

細かい暗記事項は試験直前に集中的に

試験勉強における「覚えるべきこと」には、勉強の早い段階でしっかり理解しておくべきことと、後回しにしてもよいことがあります。後者は細かい固有名詞や数値、データなどですが、これらは早い段階で覚えても忘れてしまうので、はじめはざっと流しておいて試験直前に集中的に暗記しましょう。

意外と国語力・日本語力が重要

試験勉強というと、参考書の内容の理解や暗記が重視されがちですが、実は国語力・日本語力が大きくモノをいいます。読解力や語彙力を磨くことでテキストや試験問題の内容を素早く適切につかめるようになりますし、記述問題・応用問題では文章構成力や論理的思考力が必須。ぜひ日頃から鍛えておきましょう。

受かるまで何度でも受ける

大学受験などと違い、資格試験は「一発合格」を目指す必要性はあまり高くないものですし、実際のところ、問題との相性や運次第で得点は大きく上下しうるものです。とすると重要なのは、合格可能性を極限まで高めることよりも、受かるまで何度もチャレンジし続けることではないでしょうか。

▼Theme

生活編❶

多忙でも合格した時間術

「忙しくてなかなか勉強する時間が取れない……」、でもそれは言い訳でしかありません。多忙な毎日でも東大に現役合格をした、著者のスケジュールから学んでみましょう。

全体の勉強時間をできるだけ多く確保するのと、各科目の勉強に偏りが生じないようにするのがモットーでした。睡眠は削れないタイプだったので、「起きている間は常に勉強」という状態を目指しました。

そのために大切にしていたのが、**時間の特性を踏まえて勉強内容を決める**ことです。

たとえば、夜は疲れてきて集中力が途切れやすくなります。休憩をとるのが惜しまれたので、**こまめに勉強する科目を切り替えることで、気分**

半年の集中で東大現役合格を果たした人の一週間のスケジュール

POINT

❶1週間のスケジュールを時間割化

科目間バランスをとれるよう、自習のスケジュールを週単位で時間割化していた。勉強することが当たり前の習慣になるようにした

❷朝と夜、長い時間と短い時間を使い分ける

朝と夜では集中力も違う。長い時間とこまぎれの時間では取り組める問題が変わってくる。それぞれの特性を踏まえて勉強内容を決めた

❸自分の意志に期待しすぎない

計画をいつも完璧に達成できるわけではない。勉強の遅れが翌週にズレ込むのを避けるため、調整日を設けるなど現実的に対処した

	月	火	水	木	金	土	日
朝	学校に朝早く行って勉強					① 腰を据えた演習（過去問など）	② 模試
昼	学校						
夜	国語	国語	国語	国語	国語	④ 調整日	③ 模試の復習
	数学	数学	数学	数学	数学		
	英語	英語	英語	英語	英語		
	社会	社会	社会	社会	社会		
			理科	理科			

⑤（月〜金）

① まとまった時間を確保できる土曜午前は、腰を据えて取り組みたい難問演習に充てた

② 緊張感を持ち続けるために模試はたくさん受けていた。各科目の弱点を見つけ、改善する機会にもなった

③ 模試を受けたら、記憶の生々しいその日のうちに復習するようにしていた

④ 平日に終わらなかったタスクを終わらせるための調整時間を設定していた

⑤ 毎日消化すべきタスクを設定。疲れていて集中力の切れやすい夜は、複数の教科に取り組むことで気分転換を図った

転換をするようにしました。

　また、長くまとまった時間とこまぎれの時間では、取り組める内容が変わってきます。東大の過去問は、長い科目で一教科一五〇分もあります。じっくり勉強できる休日午前中には、そうした難問演習を優先しました。一方で、電車での移動時間なども有効活用したいので、鞄には必ず、簡単な暗記用教材などを入れておくようにしていました。

　そうして最大限頑張っているつもりでも、予定範囲まで進まない日もありました。計画の遅れが翌週にズレ込むと、どんどんズレていって、計画自体を投げ出してしまいたくなります。計画をギチギチにせず、**調整日を設けるという現実的な対処をとったおかげで、週単位で帳尻を合わせられた**のはよかったですね。

▼Theme

生活編❷

スケジュール管理がキモ

長期的な目標と、短期的な目標を設定すれば、自ずとやるべきことは見えてきます。「いま、なにをやるべきか」をしっかりと見極め、スケジュール管理をしていきましょう。

逆算力をつける

POINT

❶中目標、小目標の設定

長期的な大目標は、中目標（数カ月～1年単位）、小目標（週単位）に落としこむ。そうすることで、日々消化すべきタスクが見えてくる

❷これをやっていないと手遅れになるということを見極める

すべてを完璧にやろうとすると息切れしてしまう。今やらないとマズいことと、後に回しても帳尻を合わせられそうなところを区別する

常にすべてを完璧にやることができれば、それに越したことはないでしょう。しかし、現実として時間は限られていますし、絶えず一〇〇%のやる気が出るわけではありません。

そこで役立ったのが、**勉強の優先順位をつける力**。「今これをやっておかなければ、確実に手遅れになってしまう」という急所を見極め、そこはきちんと解決していきました。

この優先順位付けに役立ったのが、大局的な視点です。

“いつまで”より“どこまで”の精神

POINT

❶時間はあくまでひとつの目安

1日15時間勉強したとしても、内容が薄かったらあまり意味がない。自己満足におちいっていないか、自問自答していた

❷時間の長さよりも、タスク消化が評価基準

成果を出すためには、勉強時間の長さよりも内容を重視する必要がある。日々の目標範囲を終わらせることができたかで評価する

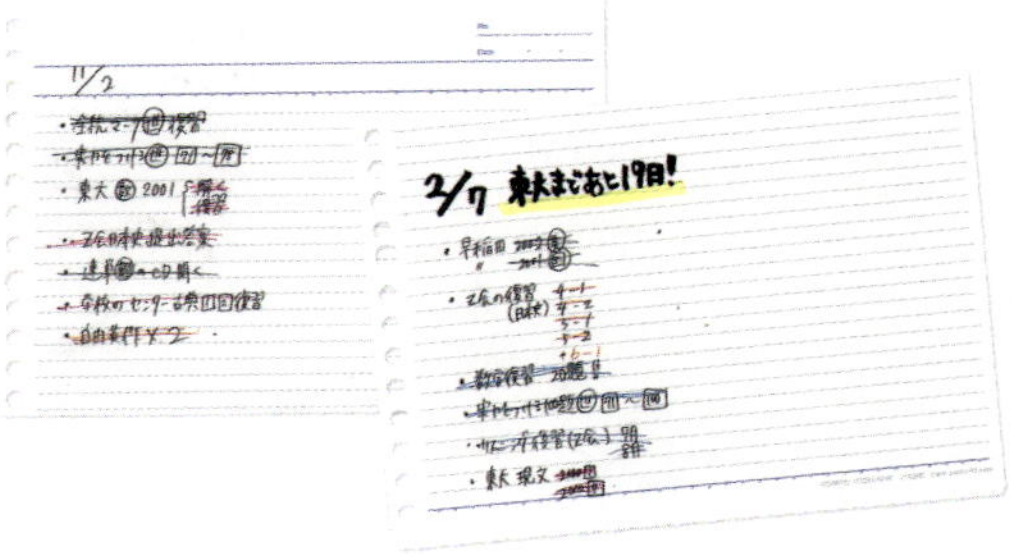

入試合格という大きな目標から逆算すると、それぞれの時期、何を達成しておかなくてはいけないか。いわば、中目標、小目標をいつも意識していました。

小目標としては、毎週どれくらい終わらせなければいけないかをイメージしつつ、**毎朝、今日は何をやるかをメモ帳に書き出していました。**どの問題集を何問やるのか、具体的に決めていました。

目標範囲を終え、項目を塗りつぶすときの達成感が快感でした。一方で、タスクを残したまま一日を終えてしまうことには、気持ち悪さや悔しさがありましたね。単に長い時間やったからといって満足するのではなく、タスク完了を目指しました。「**いつまでよりどこまで**」の精神だったといえます。

▼Theme

目標立てに最適なアイテム

手帳を活用しよう

デキる人ほど活用できているのが、手帳。自分のスケジュールを把握するだけでなく、自分のするべきことを能動的に書き込んでいってこそ、手帳は使い込めるものです。

手帳の使い方

POINT

❶大目標、中間目標、勉強予定を書き込む

❷先のスケジュールを見通せるようにする

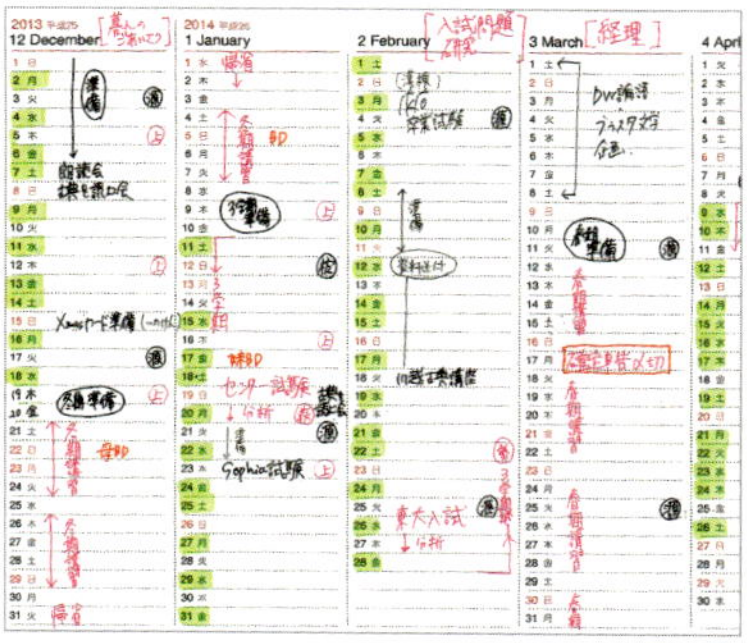

年間スケジュールを一枚で見渡せるシートも活用。先を見通せるようにしておくと、余裕がある時期に先の準備を進めやすくなる

手帳は日々目にふれるもの。だからこそ、手帳に目標を書いておくと、潜在意識にまで刻み込まれていきます。叶えようという強い意志をもって、目標を書き込んでおきましょう。

しかも、**手帳は日付を意識せざるを得ないツールなので、大きな目標を中間目標や具体的な行動へと落としこむ作業に役立ちます。**

たとえば、難関資格に挑戦する場合、似た内容のやさしい資格を中間目標に置くことがあります。難関資格に合格

勉強する時間を手帳に書き込む

1週間の目標勉強量を消化するのにかかる時間
＝［　　　　］時間

月	火	水	木
計　　時間	計　　時間	計　　時間	計　　時間
金	土	日	
計　　時間	計　　時間	計　　時間	

1週間に勉強したい量から、勉強時間の見当をつけ、その目標時間を各曜日に割りふってみよう。友人と会う予定などと同じように、勉強する予定を手帳に書きこんでしまうのがおすすめ。遊びの誘いに負けにくくなる

したい時期から逆算すれば、いつごろその資格を取れば間に合うのか、実際その試験は何月何日に開催されるのか。申込の開始時期はいつか。手帳を使えば、そうした予定を書き込みながら、計画を具体化していくことができます。

　空いた時間に勉強するという人が多いと思いますが、私は、**週のはじめに、その週の勉強時間をスケジュールに書き込んでしまう**ことをおすすめしています。人と遊ぶ予定とは違い、勉強は自分ひとりにしか関係のない予定。ついついなかったことにして、サボってしまいがちです。あえて思い切ってペンで書きこんでしまってはいかがでしょうか? **勉強する日は集中する、勉強しない日は休む**、という、メリハリのある一週間が送れるようになるはずです。

Theme

勉強の場にこだわってみよう

勉強には環境づくりも大切

勉強する場所は、自宅だけとは限りません。図書館やカフェ、自習室やシェアオフィスなど、自分を追い込み、集中できる場所を見つけるのも、効率よい勉強への近道です。

勉強を続けるコツのひとつは、自分のやる気に期待しすぎないことです。「夜中2時まで頑張るぞ」、「朝早く起きて勉強しよう」と張り切っていたのに、結局寝ていたという経験はありませんか？ そうした失敗が続き、自己嫌悪が募ると、勉強自体に後ろ向きになってしまいます。**やる気に頼らず、習慣やシステムをつくる**つもりでプランを立てましょう。

　このとき役立つのが、図書館・コーヒーショップなどの自宅以外の勉強場所です。

勉強モードに入れる場所を見つける

POINT

❶自分の「やる気」に期待しすぎない

やる気はムラがある。重要なのはモチベーションが下がっている時期でも、一定量の勉強をできるようにするための仕組みづくりだ

❷「やる気」でなく「習慣」が重要

できるだけ時間と場所を一定にして、勉強を習慣化しよう。自力で習慣をつけられない場合は資格スクールなどに通うとよい

❸周囲の人たちの雰囲気を利用する

図書館の勉強スペースや有料自習室には、まわりにも勉強している人がいる。その姿は、だらけそうな日でも喝を入れてくれるはず

勉強内容と気分で場所を選ぶ

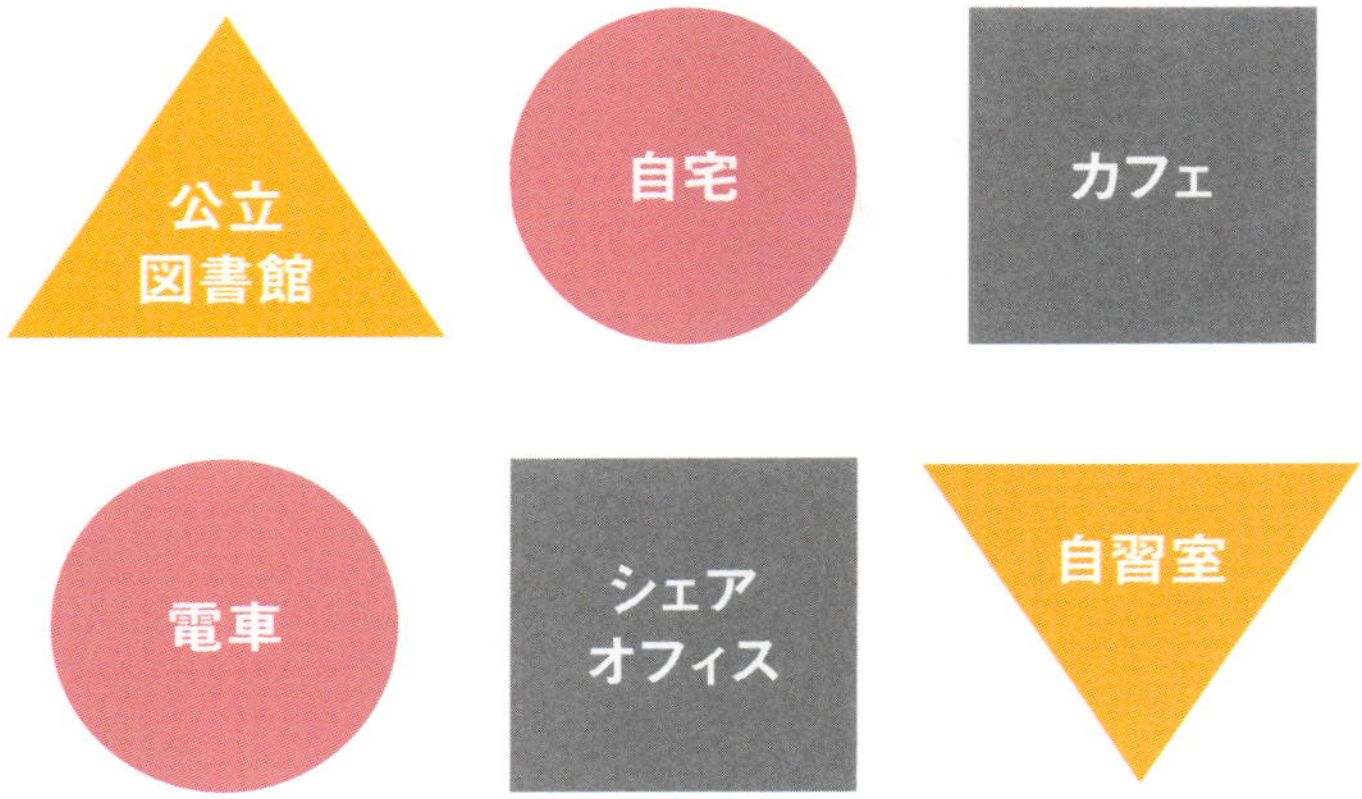

都心などで増えているのが大人向け有料自習室やシェアオフィス。利用者同士の交流イベントが用意されるなど、切磋琢磨できる仲間との出会いを演出している施設も多い

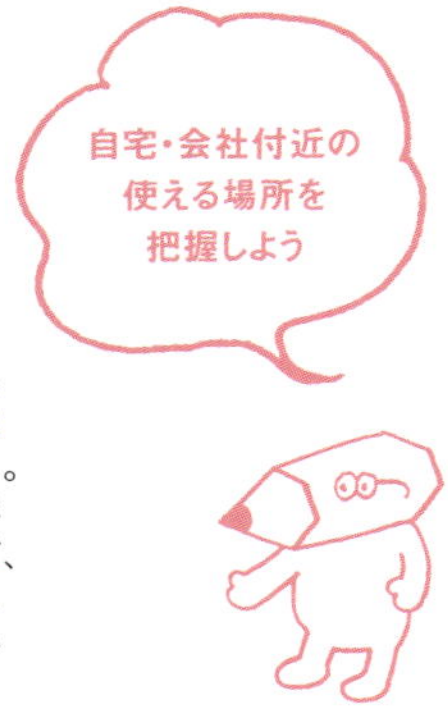

「会社帰りにあの喫茶店に寄り、○時まで勉強して帰る」というのを習慣化すれば、安定的に勉強時間が確保できます。

外で勉強する習慣がない人は慣れるまで苦労するかもしれませんが、周囲に人がいて適度にざわついている喫茶店なら、寝ないで勉強できるという人も多いようです。

集中して勉強している人を見つけ、「あの人よりも粘ってみよう」と目標を立てるなど、周囲から刺激をもらえることもあります。

以前勤めていた塾の自習室に「**MAT30**」という標語が貼ってありました。「**ダメだと思ったところから、M（もう）A（あ）T（と）30分勉強しよう**」という意味だったのですが、今でも私の心の標語になっています。

第1章のおさらい

POINT

❶学びを縦に横に広げ
教養深い人になろう

❷WhyよりもHow
悩みを課題に分解する

❸効果的な暗記法や
ノート術を身につけよう

❹手帳で大局的な視点
目標の具体化を可能に

❺意志の力に頼らずに
勉強し続けられる計画を

勉強を継続するためには、勉強するのが当たり前になるような仕組みをつくることが大切。この本で紹介した手法も用いながら、あなたにとって最大の効果・効率が上げられる仕組みを模索してみてください。そうやって勉強のしかたを工夫していくこと自体が賢くなるプロセスでもあります。

アタマをやわらかくする

東大生の休み時間

[数学編]

問題

白石180個と黒石181個の合わせて361個の碁石が横に一列に並んでいる。左端は白石である。それ以外の360個がどのように並んでいても、次の条件を満たす黒の碁石が少なくとも一つあることを示せ。

その黒の碁石とそれより右にある碁石をすべて除くと、残りは白石と黒石が同数となる。

解説

この問題を白石3個、黒石4個に簡易化して考えてみよう

○●●○●●○
　A　B

Aの黒石とそれより右の石をすべてとりのぞくと、

○●

となり、白石と黒石は1個ずつで同数。
Bの黒石の場合も、

○●●○

白石と黒石は2個ずつで同数。
配列を変え、

○●○○●●●
　　　　　C

としても、Cの黒石が条件を満たす。
このようにどう並べても条件を満たす黒石があることを一般論として証明したい。

解答

左からK番目までの石に関して
$f(K)=$(K番目までの白石の個数)−(K番目までの黒石の個数)とする。
問題条件により$f(m)=0$　m番目までの白石と黒石が同数
　　　　　　　$f(m+1)=-1$　m+1番目が黒石
を満たすmが少なくとも1つあればよいということになる。
ここで$f(1)=1-0=1>0$
　　$f(361)=180-181=-1<0$であり、
$f(K+1)=f(K)\pm1$（1ずつの増減しかしない）ので、
必ずどこかで1度は$f(m)=0$、$f(m+1)=-1$の流れが存在する。

▼Theme

思考力を培う方法

自ら考える力がなければ東大には受かりません

東大にかぎらず大学合格とは、単に学力テストに通ったということではありません。東大の求める人間像に合致したからです。では、求められる思考法とは何なのでしょうか。

東大合格に必要なのは自らの頭で考え、工夫する力。

勉強の仕方ひとつとってもそうです。**誰かから与えられた課題を受身的にこなしているだけでは、なかなか合格にはたどりつけません。**自らゴールを見すえ、今の自分に何が足りないかを客観的に分析する姿勢が必要です。そして、そのギャップがどうすれば埋まるのか、試行錯誤しながら、勉強計画を組み立てていかなくてはならないのです。

実際に勉強するにあたって

東大合格に必要な思考力

POINT

❶自己分析力

❷応用的発想力

❸論理的表現力

東大合格には、基礎知識を踏まえた上での応用的発想力、自分の考えを論理的に伝える表現力が不可欠だ。実際に合格を成し遂げるには、自分の学力や性格などを分析して、適切な戦略・戦術を選ぶことができる自己分析力も必要だ

東京大学「期待する学生像」

東京大学が求めているのは、本学の教育研究環境を積極的に最大限活用して、自ら主体的に学び、各分野で創造的役割を果たす人間へと成長していこうとする意志を持った学生です。
そうした意味で、入学試験の得点だけを意識した、視野の狭い受験勉強のみに意を注ぐ人よりも、学校の授業の内外で、自らの興味・関心を生かして幅広く学び、その過程で見出されるに違いない諸問題を関連づける広い視野、あるいは自らの問題意識を掘り下げて追究するための深い洞察力を真剣に獲得しようとする人を東京大学は歓迎します。

東京大学アドミッション・ポリシーより

東大は、国内外のさまざまな分野でリーダーとしての役割を果たせる人材を育成することを大学の使命として掲げている。受験生にもそうした人材を目指すにふさわしい学力、そして成長意欲を期待しているのである

知識の
詰め込みでは
東大入試には
合格できない

は、**ただ「量」をこなせばよいわけではなく、常に「質」を意識して取り組む**必要があります。はじめて見た問題であっても、自分のもっている知識と知識を関連づけ、何とか解を導き出そうとする自主的で積極的な**応用力**が必要です。

また、東大入試では全科目で記述形式の出題があります。世界史では600字に及ぶ大論述問題が出題されます。答案を介した出題者・採点者とのコミュニケーションといってよいでしょう。問題を読み解いて自分が考えた結論を、相手の求めに応えつつ、明快な論理で語る。そんな論理的表現力が必要なのです。

自己分析力、応用的発想力、論理的表現力。これは**大人が生きていく上でも身につけたい学力**ではないでしょうか。

▼Theme

自己分析❶

まずは自己分析をしてみよう

まずは、自分を知ることからすべてははじまります。何が得意で、何を苦手としているのか。好き嫌いはどうか。確かな自己分析から、対策や方針を練ることができるのです。

自己分析でパワーアップ

- □ 1. 過去の経験から自分の強みと弱みを分析する
- □ 2. 周囲にも尋ねてみる
- □ 3. 特性に応じた戦略を立案

大きな出来事をふりかえり、成功体験から強み、失敗体験から弱みを言葉にしてみよう。どのようなことを楽しいと感じていたかを分析すれば、自分のモチベーションの源が見えてくる

孫氏の兵法に「彼を知り己を知れば百戦あやうからず」という言葉があります。「敵と味方、その両方をよく知れば、何度戦っても敗れることはない」という意味です。こうした教えがありながら、私たちはどうも自分自身のことを分析するのを忘れがちです。

スポーツ選手で考えると、自己分析の重要性はわかりやすいと思います。たとえば、フィギュアスケート。同じ国際大会に挑戦する選手でも、戦い方はバラバラです。大技

自己分析チャート

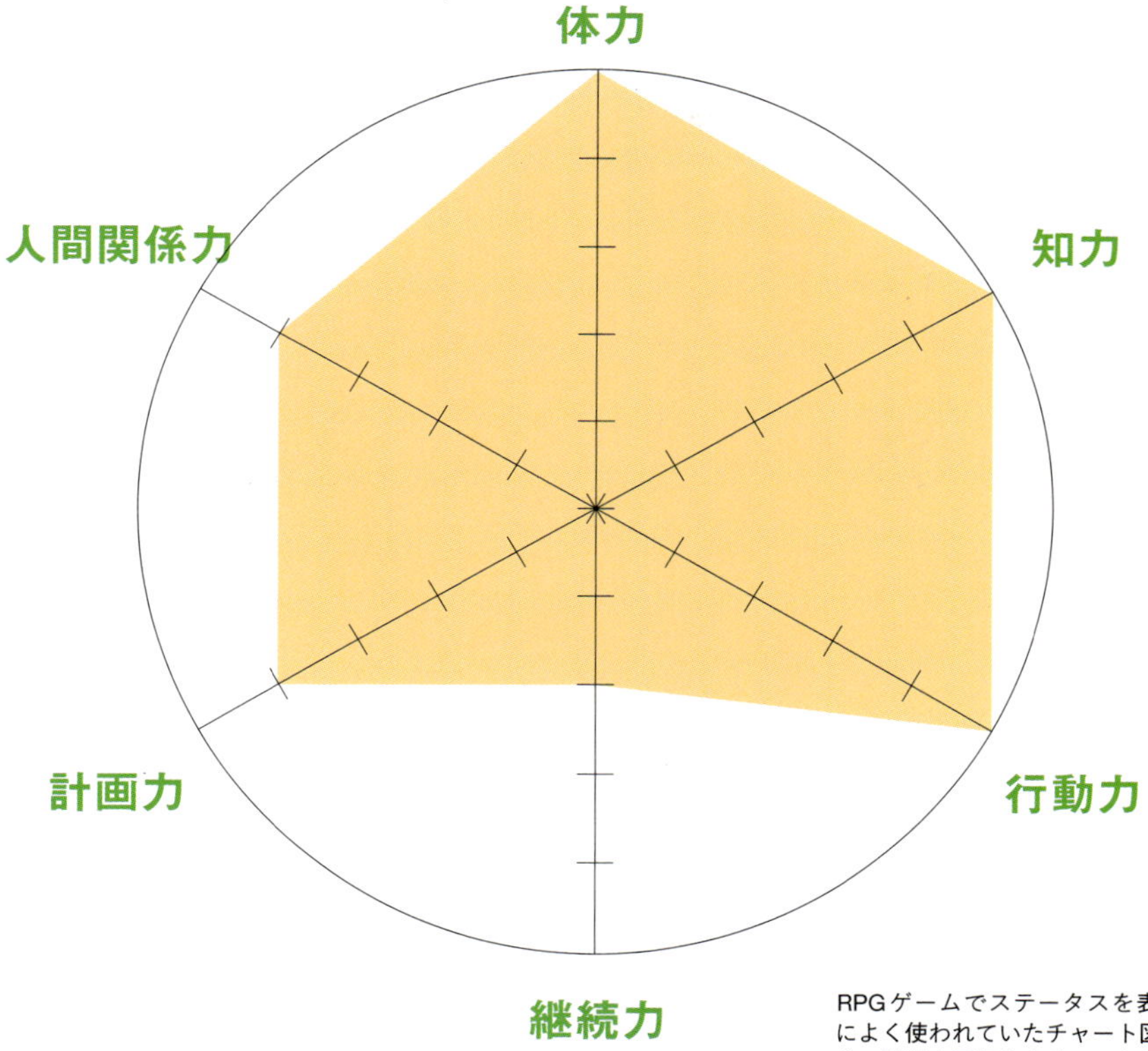

RPGゲームでステータスを表すのによく使われていたチャート図。自分の特徴を可視化するのにわかりやすい。弱いところを伸ばす？　強みを生かして勝負する？

に次々と挑戦する選手もいれば、豊かな表現力を武器にする選手もいます。これは、自分の身体能力を冷静に観察した結果、導かれている戦略です。

　スポーツも仕事も、努力や根性ですべてがカバーできるわけではありません。**自分の特性を知ってこそ、効果的な作戦が立てられます。**自負や謙遜を脇に置いて、できるだけ客観的に自分の強み、弱みを分析してみたいものです。過去の経験の一つひとつは、あなたのどのような特徴を示しているでしょうか。

　自分の資質をチャート図に可視化してみるのも参考になるでしょう。自分で描いた図と、家族・友人に描いてもらった図を見比べてみると、意外な真実が見えてくるかもしれませんよ。

▼Theme

自己分析❷

チェックリストにトライ

自分を知るために有効なのが性格診断テスト。その結果ばかりを気にしてはいけませんが、自分の傾向を知り、対策を立てるうえでは有効な手法です。意外な一面が見つかるかも？

あなたはどのタイプ?

A
- □ 旅行ではたくさんの名所を回りたい
- □ 思い切った決断をできるタイプだ
- □ なかなか「ありがとう」といえない

B
- □ 行動する前に、十分に情報を集めたい
- □ 手帳は先の方まで予定を書き込んでいる
- □ 勢いや根性で乗り切ろうとする人は苦手

C
- □ 聞いているより話している時間が長い
- □ どんどん新しいものに興味をもつ
- □ 文化祭や体育祭が好きだった

D
- □ 人に気を遣いすぎといわれることがある
- □ 裏方の仕事は嫌いではない
- □ 理屈よりも感情で物事を考える

心理テストも、自分を知るのに役立ちます。エゴグラムやエニアグラムなど、さまざまな種類の性格診断テストがあり、インターネットで気軽に受けられるものもあります。

このページの心理テストの結果はいかがでしたか？ 当たっていないと思われた場合、二種類の可能性があります。本当に当たっていない場合(すみません!)、そして、あなたが自分の弱みを認めたくないと考えている場合です。

それがどちらなのかは、**家**

あなたにあてはまるのは?

YOUR TYPE

A コントローラー

野心的な行動派。決断力があり、思い通りに物事を進める。周囲に怖がられているかも

B アナライザー

冷静な慎重派。真面目。データを集め、計画を立てるのが好き。対人関係では頑固な面も

C プロモーター

アイデアを次々に出し、人と楽しいことをするのが大好き。飽きっぽく、大ざっぱな面も

D サポーター

協調性が高く、他者の気持ちに敏感。人を援助するのが好きな分、ノーといえないでいる

右ページのA～Dで、チェックが最も多くついたところがあなたのタイプを示している。同数のものがあれば、両方のタイプを読んで参考にしよう

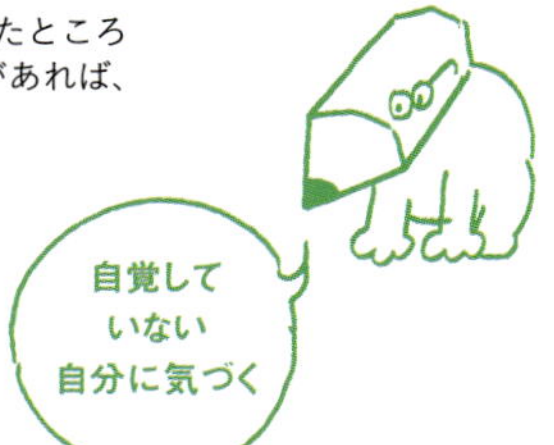

族・同僚・友人などに、客観的な意見を求めることで見えてくるかもしれません。

私自身も、就職活動の時期、友人約30人に私の強みと弱みを尋ねてみました。だいたいは予想の範疇でしたが、友人の個性や関係性によって、予想外の返答も出てきて、自分を再発見する機会となりました。

大学入試の過去問題集には、各大学の「傾向と対策」が書いてあります。**自己分析でも大切なのは、傾向から対策を考えること。**浮かび上がった弱みを改善するにはどうしたらよいでしょうか。なかなか直せないなら、せめてそれが目立たないようにするとか、強みを活かせる環境を選ぶとか、楽しくのびのびと活躍できるように作戦を考えましょう。

▼Theme

応用的発想力❶

必要なのは応用的発想力

単に知識をもっているだけでは、役にたちません。必要なのは、知識を使った応用力なのです。豊かな発想力を手に入れることから、“使える”知識となりうるのです。

3つの組み合わせで「応用的発想力」は生まれる

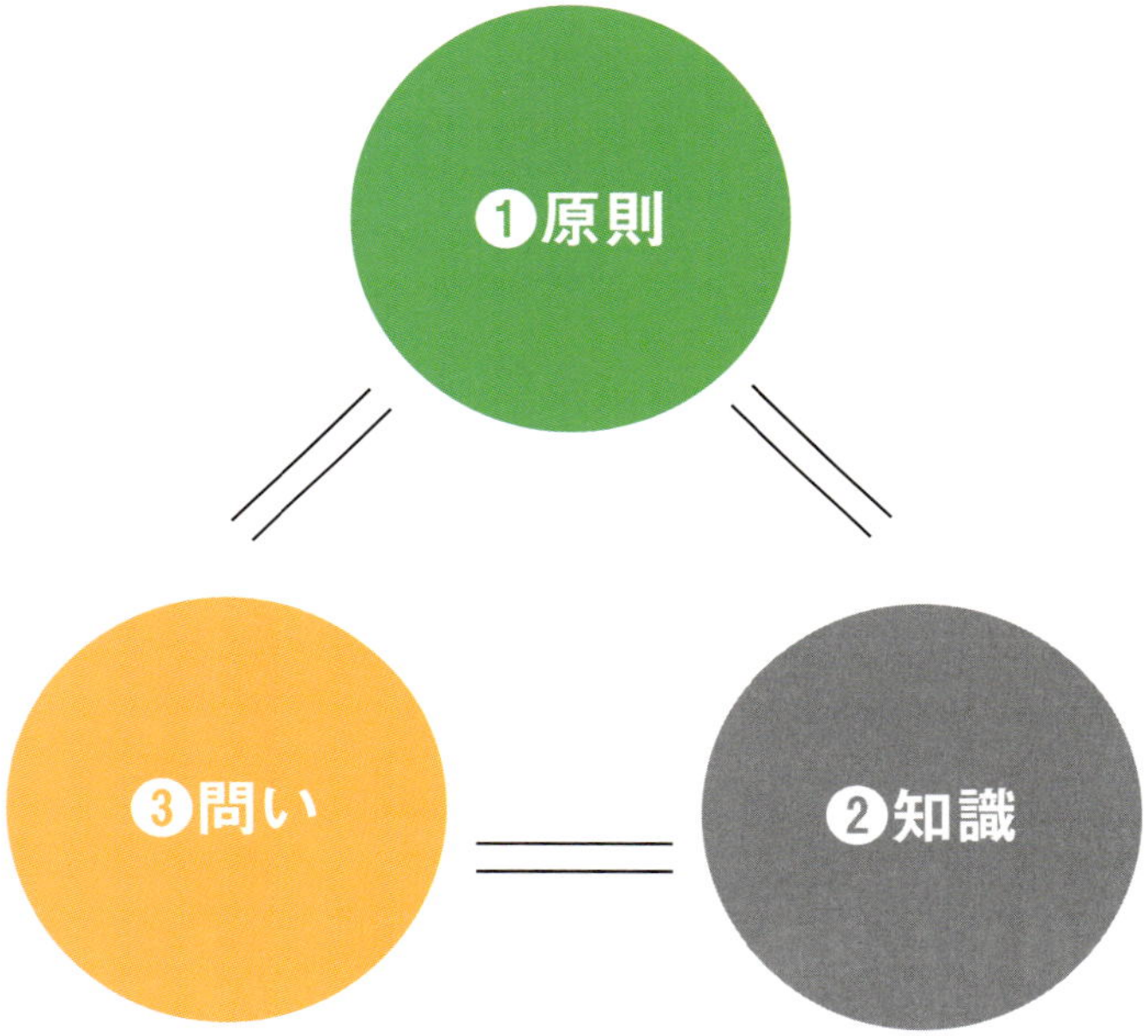

単に大量の知識をもっているだけでは応用が効かないのです

ビジネスの世界には、学校の勉強と違って正解がないといわれています。果たして、本当にそうでしょうか？

確かに、算数の計算や社会の一問一答のように、ピタリとひとつの正解が出ることはないかもしれません。あらかじめ学んだことがそのまま出てくるようなこともないかもしれません。しかし、より望ましいもの、より答えに近いものはあるはずですし、それを追求するという姿勢は重要です。

心がけたい3つのポイント

POINT

❶原則・本質を押さえること

雑多に知識を増やすばかりではダメ。普遍的な原理原則をおさえることで、新たな問題にぶち当たったときも応用が効きます。経験の中で体得する法則も多いはず

❷その分野での常識＝基礎知識を頭に入れること

英語なら単語・文法が基礎知識でした。仕事でも「自社の商品・サービス」、「ライバル企業の特徴」、「売上に影響する要因」など、常識として頭に入れておかなくてはいけない情報があるはず

❸疑問をもつこと

「どうしてこの曜日は売上が落ちているのだろう？」、「ここはもっと工夫できるのではないか？」と、自分なりに疑問・問題意識をもつことで、創造的な思考が動き出す

こうした仕事の現場でも活躍する学力が、応用的発想力です。いわゆる「自分の頭で考える」力です。この思考力は、①原則②知識③問いの三要素から成り立っています。

応用的発想力のお手本はソムリエ。彼らは「どの料理にどのワインが合うか」という原則を知っています。そして、お店に備えているワインの特徴を知識として頭に入れています。そこに、「このお客さんにはどのようなものを出したら喜んでもらえるだろうか？」という問いを導入することで、その日の一本を見事に導き出すのです。

はじめて直面した課題でも、自分なりの着眼点をもって臨み、これまで学んできた原則や基礎知識を組み合わせて発想することで、よりよい策を導き出すことができるのです。

▼*Theme*

応用的発想力❷

応用的発想力を鍛えるには

応用的発想力を手に入れられたかどうか、例題にチャレンジしてみましょう。これは地理の問題ですが、簡単な知識があれば、解くことはできるはずです。さあ、チャレンジ！

例題
グラフを見て A〜Dに入る地域名を答えなさい。

世界の総人口に占める地域別構成比率

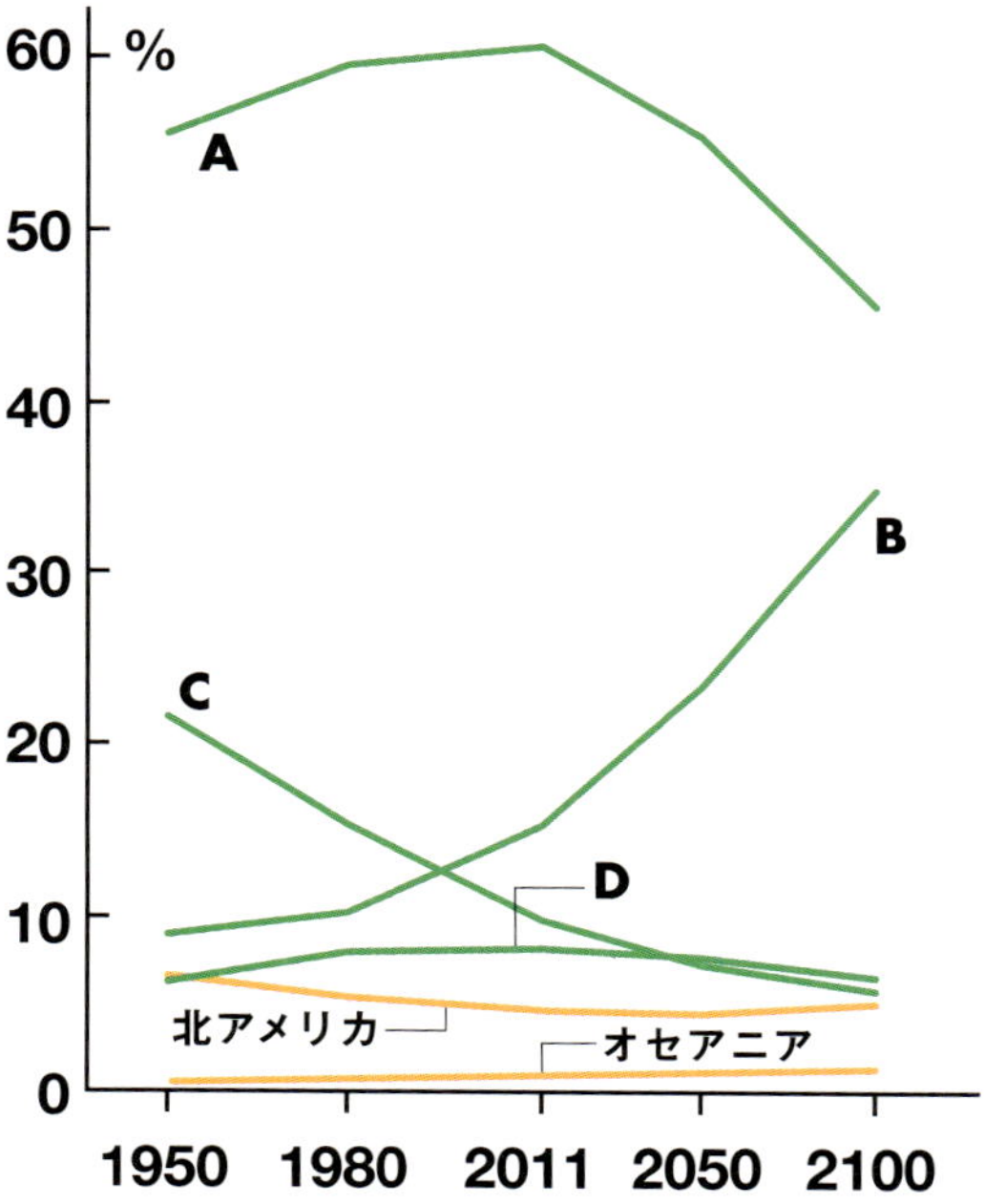

［候補］　ヨーロッパ／アジア／南アメリカ／アフリカ

やみくもに知識を増やしても応用的発想力は育ちません。スマホで検索すれば、すぐに情報が手に入る時代です。**外部記憶で済ませられることはあえて覚えなくてもよい**でしょう。

むしろ、きちんとおさえておきたいのは原則の方です。**シンプルで本質的な法則をしっかり肝に銘じておく**と、それが具体的な知識を運用する上での力になります。

とはいえ、基礎知識をいちいち調べていたら、思考がそのつど止まってしまいますし、

解説

原則

先進国は少子化が進み、新興国は人口増

基礎知識

現在の世界人口は約70億人
人口ランキング上位は　1位中国　2位インド

応用的発想

1位中国の人口が約13億人、2位インドが約12億人。この2国はいずれもアジアに属しています。この2国だけでも、合計約25億人で25÷70×100＝約35.7%なので、Aがアジアであることがわかります。原則に従って考えると、かねてから先進国であったヨーロッパはどんどん人口が減っていくことが予想されるのでC。逆に、これから発展が進むアフリカの人口は爆発的に増えていくものと推測されるので、B。残りの南アメリカがDとなる

［回答］

A　アジア
B　アフリカ
C　ヨーロッパ
D　南アメリカ

反応スピードが遅くなります。細かい数字や正式名称はあやしくてもよいので、大まかな相場感などは頭に入れておきましょう。

この原則と知識に、目の前の状況に関する問題意識が組み合わさったとき、応用的発想力が動き出します。

応用的発想力を発揮しているお手本をもうひとつ挙げるとしたら、ディズニーランドのキャストです。彼らのおもてなしが賞賛されるのは、「お客さんを喜ばせる」という原則に基づき、テーマパークや商品に関する知識を総動員して、「目の前のお客さんに何をできるか」という問いを考え続けているからです。

その逆のあり方が、「マニュアル通りにやればいい」という態度。あなたは、思考停止してしまっていませんか？

▼Theme

論理的表現力を身につける

論理的表現力❶

発想力を手に入れたら、次は表現力。確実に人に伝えるためには、論理的な説明が必要不可欠です。ここでは、そのために必要な考え方を順を追って学んでいきましょう。

物事を論理的に考える能力とあわせて鍛えたいのが、考えを他者と共有するのに欠かせない表現力です。

意見の違う人と話す場合、意見の結論部分だけを主張しても、ただ口論になって終わってしまいますよね。

その**考えにたどり着いたプロセス、論理の筋道まで伝えることができれば、相手に納得してもらえる確率はグッと上がります。**

まず身につけたいのが、意見を述べるときに根拠となる事実・データを伝えるクセ。

4つのプロセスがポイント

1.意見に根拠をそえるクセをつける

提案や主張には、根拠となる事実・データをそえよう。「絶対やった方がいいんです！」と感情的に伝えていては、説得力がないしみっともない

2.フレームワークなどの技術を知る

枠組みの力を借り、自分とは異なる角度から考えてみることで、論理のあいまいな部分が明快になる

SWOT分析

Strengths	強み（長所）	Opportunities	機会
Weaknesses	弱み（短所）	Threats	脅威

例:Aさんのダイエットの SWOT分析

	内部要因	外部要因
+	S. 趣味がジョギング、フットサル	O. 妻もダイエットしようといっている
-	W. 飽きっぽい	T. 飲み会で脂っこい食べ物が多い

3.図式化する

マトリックス

緊急度×重要度で仕事の優先順位をつけたり、顧客年齢層×商品価格で自社、ライバル企業のポジショニングを確認したり、さまざまな軸が設定できます

例:ある居酒屋のメニュー分析

図解で店への貢献度が一目瞭然。この場合、馬刺はメニューから外してよさそうだ

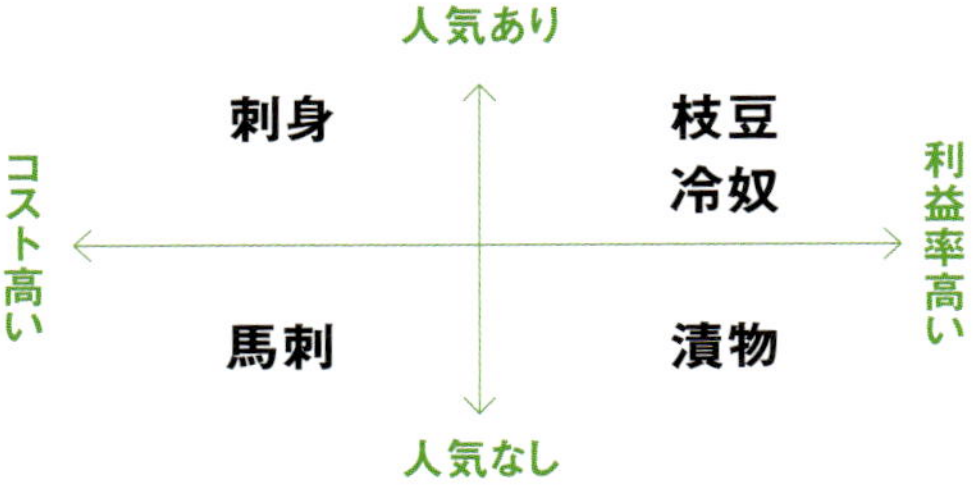

4.相手のニーズを踏まえて実践する

論理的表現力の目的は相手を論破することではなく、相手と意見を共有すること。絶対的な正しさの追求よりも、相手のニーズに応えることを意識して

慣れてきたら、フレームワークや図解技術に挑戦してみましょう。

フレームワークは思考の枠組み。情報を整理し、論理的に考えるのに役立つものです。コンサルタントなどが活用する思考法として注目され、紹介書籍も出ています。自分の直感・主観とは異なる枠組みで考えることになるので、考えが自然と客観的なものになり、ほかの人とも共有しやすくなります。

たとえば、上司との面談や転職の面接に臨む際にも、

①**Will**（したいこと）
②**Can**（できること）
③**Must**（しなければならないこと）

という枠組みに従って、自分希望、能力、会社・社会のニーズを分析しておけば、明快に発言ができるはずです。

▼Theme

論理的表現力❷

論理的表現力を鍛えるには

論理的な表現ができるかどうか、例題にトライしてみましょう。ここで身につけられる表現力は、ビジネスにも役立つはず。人に伝わりやすいプレゼンを心がけましょう。

問題

あなたは自分の業務上の検討事項について、上司に報告し、判断をあおぎたいと考えています。上司が忙しく、30秒で伝えなくてはいけないとしたら、どのように伝えますか？

- ▼現在、部品はA社から購入している
- ▼A社とは20年来の付き合い、担当者とも親密
- ▼先日、B社から飛び込み営業があった
- ▼B社はA社の20%引きの値で納入するという
- ▼B社は新興ベンチャーで品質は未知数
- ▼A社製品は品質もよく、これまで特に不満はなかった
- ▼A社との価格交渉の結果、10%引きまでは可能という
- ▼B社は来週中までに返事がほしいという
- ▼ライバルC社は、B社に切り替えたらしい
- ▼自分としてはA社との契約継続を支持する

フレームワークや図解技術について紹介した本はたくさん出ていますが、大切なのは実践。枠組みを学んだら必ず、自分にとって身近なテーマで試してみましょう。本に挙げられた事例に納得するだけでは、机上の空論で終わってしまいます。

前ページにはＳＷＯＴ分析を挙げましたが、他にも様々な枠組みがあります。たとえば、仕事の進め方を考える上では、ＰＤＣＡの枠組みが有用です。

①**Plan**（計画）

解答・解説

1.置かれた条件を確認する

30秒しかありませんので、約200字（原稿用紙の半分）しか伝えられません。情報を整理整頓して伝える必要あり

2.伝えるべき情報を構造化する

箇条書きで羅列されている情報を図や表に整理してみることで、ポイントがどこにあるかを見極める

3.相手が聞きやすい順番で話す

メインテーマを先に伝えておくと、聞く側も注意すべきポイントがわかり、集中して話を聞くことができる。自分の意見ばかりをいわず、上司が判断を下しやすいよう、A社・B社のメリット・デメリットを明解に伝えよう

中心

部品の納入元をA社にするかB社にするか
※来週中に判断

A社		B社
・長年の実績 ・一割は下げるという誠意	+	・今より2割安い ・C社もB社に切り替えた
・B社よりも高い	-	・品質が未知数

↑
自分としては支持

部品の納入元を現在のA社のままにするか、営業のあったB社に切り替えるかを検討しています。B社は今より2割安い値段が魅力的で、C社もB社に切り替えたと聞いています。ただ、B社はまだ実績も少なく、品質は未知数です。A社も価格交渉の結果、今より1割安くできるといっております。長年の信頼関係もありますので、私としてはA社との契約継続が望ましいと考えます。先方への返事の都合上、来週中にご判断ください。

②Do（実行）
③Check（評価）
④Action（改善）
を繰り返すことを仕組み化することで、仕事の質を高めることができるのです。

経営・マーケティングの分野では、**4P分析**（製品の特徴、価格、流通、広告の分析）や、**3C分析**（顧客・市場の状況、競合他社の特徴、自社の特徴の分析）などもよく使われています。

念のため最後に、論理的表現力を学んだ人がおちいりやすいワナをご紹介しておきましょう。それは、議論やプレゼンテーションを「俺スゴいだろ」とアピールする場にしてしまうことです。あくまで目的は、意見の共有。**相手の立場や考え方、ものさしに合わせて表現を工夫する**姿勢はお忘れなく。

第2章のおさらい

POINT

❶自分の頭で考える
習慣をつけ地頭を鍛える

❷自己分析を通じて
自分を生かす戦略を練る

❸原則・知識・問いの
3つから発想は生まれる

❹意見には必ず根拠を
そえ、論理的に話す

❺フレームワークや
図で他者と考えを共有

自己分析力・応用的発想力・論理的表現力は、大人も身につけたい本質的な学力。受け身の態度は卒業。自らの目で現状を見すえ、自らの頭で考え抜き、自らの言葉で伝えようとする積極的な姿勢こそが大切です。机上でだけ学ぶのではなくて、日々の生活の中で意識して磨いていきましょう。

アタマをやわらかくする

東大生の休み時間

[地理編]

問題

近年、世界各国で水産資源の持続的利用についての関心が高まり、水産資源を管理するための国際的な取り組みが盛んになっている。このような国際的な取り組みが必要とされる理由を、具体的な水産資源の例を挙げて、下記の語句をすべて用い、90字以内で述べなさい。語句は繰り返し用いてもよいが、使用した箇所に下線を引くこと。

排他的経済水域　総量規制　消費量　生息場所

国	漁獲量（万トン）						養殖業生産量(b)（万トン・2009年）	(b)/(a)
	1970年	1980年	1990年	2000年	2009年(a)	世界順位(2009年)		
中国	249	315	671	1482	1520	1	4528	2.98
ペルー	1248	271	687	1066	692	2	4	0.01
インドネシア	115	165	264	412	510	3	471	0.92
アメリカ合衆国	279	370	562	476	423	4	48	0.11
日本	872	1004	968	509	419	6	124	0.30
世界計	6383	6824	8592	9467	9012	―	7304	0.81

漁獲量と養殖業生産量のいずれも、漁獲類と海藻類を含む／水産白書2010による（原資料はFAO資料および農林水産省資料）

解説

「マグロが食べられなくなるかもしれない」というニュースを耳にしたことはありませんか？　あれは、この水産資源管理の問題からきています。マグロの最大消費国は日本ですが、日本食・健康食がブームとなったことから欧米先進国でも人気となっています。表で中国・インドネシアの漁獲量が爆発的に伸びていますが、マグロに関しても新興諸国の需要は急増しています。需要が高まる中、マグロの乱獲、資源量減少が問題として浮上してきました。マグロは広大な海域を泳ぎ回る回遊魚です。その生息域は各国の排他的経済水域（天然資源を独占的にとれる海）、公海（どの国も自由に航行できる海）に広くまたがっています。そこで、マグロの保護のためには、各国が足並みをそろえる必要があるのです。

解答例

健康食ブームや新興国の需要増により消費量が増えているマグロは、生息場所が排他的経済水域と公海にまたがるため、資源を維持するには、漁獲量の総量規制を国際的枠組みで行う必要があるから。

▼Theme

東大生の断捨離術❶

勉強にも役立つ断捨離力

もったいない。悪い言葉ではありませんが、何にしても溜めすぎるとよくないものです。あふれているものを思い切って手放すことで見えなかったこともきっと見えてくるはず。

「もったいない」、「いつかどこかで役に立つかもしれない」

そう考えていると、つい色々ためこんでしまうものです。だんだん部屋が散らかっていき、いざ使いたいときにモノが見つからないことも……。

片付けても片付けても散らかってしまう。その背景には、**モノへの執着心**があります。

断捨離は、ヨガの断行・捨行・離行からきた考え方です。今あるモノを整理整頓する（＝捨）というだけにとどま

断捨離とは

- 断 → 入ってくる不要なモノを断つ
- 捨 → ずっとある不要なモノを捨てる
- 離 → モノへの執着から離れる

ヨガの断行・捨行・離行を応用した考え方。日本人には「もったいない」という美徳があるが、それが過剰になると、使いもしないモノが捨てられず部屋にあふれている状態になる。それをスッキリと解決するアプローチだ

断捨離が役立つもの

断捨離の本質は、さまざまな物事に執着するクセから自由になり、生活をスッキリさせること。部屋の片付けに限らず、メンタル面にも応用できる。仕事や情報収集にも応用しよう

断捨離が生み出すもの

生活にモノ・コトがあふれていると、気が散りやすいが、断捨離で本来のミッションに集中できるようになれば、しっかりと実力を発揮できる。また、余計なものを手放してこそ、新しい挑戦をする余地が生まれてくるものだ

らず、新しく不要なモノが入ってくるのを断ち（＝断）、最終的には、執着心自体を手放してしまおう（＝離）という試みです。

断捨離は部屋の片付け術として紹介されることが多いですが、応用できる範囲は広く、勉強や仕事、人間関係にも適用できます。情報の洪水といわれて久しい昨今、**情報収集にも断捨離の考え方をとりいれたい**ところです。

さて、断捨離の真の目的は、物心ともにすっきりしたその先にあります。たとえば、**余計なものがなくなることで、目の前のミッションに集中する**ことができます。焦りや迷いが消え、気持ちに余裕が生まれることによって、クリエイティビティが生まれたり、新たな挑戦ができるようになったりもするのです。

東大生の断捨離術❷

情報にふりまわされない

インターネット上で洪水のように流れ続ける情報を鵜呑みにせず、自分自身で考えて取捨選択を心掛ける。情報の断捨離術を学び、心に余裕を持てれば時間の浪費も解決するはず。

あふれる情報の取捨選択

POINT

❶欲望や不安をかき立てる情報があふれる現代

❷「誰が」でなく「何を」いっているのか

❸クリティカルシンキング
一歩引いて
多面的に検討しよう

情報に関しては「断」の態度が必要。不要な情報が入ると、気持ちがかき乱されてしまう。特に、テレビ視聴、SNSやネット閲覧は膨大な時間を食っている。「捨」、「離」ができると、心にも時間にも余裕が出てくるだろう

マーケティングが発達し、巧みな広告が氾濫する現在、ちまたには欲望や不安をかき立てる情報があふれています。インターネットにより、発信される情報の量が爆発的に増えたこともあいまって、飛び交っている情報の中には疑わしいものも増えてきました。

「○○さんが言うんだから間違いない」、「テレビでやっていたから正しい」と盲信するのはもはや危険。**「誰が言っているか」でなく「何を言っているか」**に注目し、一つひ

例題にチャレンジしよう

例題

次の情報をあなたはどう判断しますか？　この情報に接したらどう行動しますか？

①飛び込み営業に来た会社が「売上は前年比1.5倍！　急成長の会社です」と話していた

②選挙演説で新人候補が「私が当選したら、現市長が続けてきた無駄遣い政治をやめさせます」と言っていた

③twitterで「明日大地震が起きるらしいって、学者の友達から聞いちゃった！　みんな気をつけて」という情報が回ってきた

解答

①売上1億円が1.5億円に伸びているのなら立派ですが、50万円が75万円に増えているだけかもしれません。実際の売上金額を質問してみましょう。また、売上がよくても、それ以上にコストがかさんで赤字に陥っている可能性もあります。

②現市長が本当に無駄遣い政治をしているのかどうかを確認すると同時に、新人候補がどのような方法で無駄遣いを廃絶しようとしているのか、その方法は実現可能性があるのかを詳しく確認しましょう。

③ニュース報道などで、同じような情報が出ていないかを確認します。出ていなければデマの可能性が高いので、情報を拡散してはいけません。

とつ吟味する能力が必要な時代です。

近年、学校教育でも、情報リテラシー（情報活用能力）教育が重んじられています。情報にふりまわされず、主体的に吟味して不要な情報は遮断する。そんな情報の断捨離を身につけたいものです。

そのひとつの手法として、思い切ってインターネットやＳＮＳから離れる日・時間帯を設ける**「ソーシャル断食」**も話題となりました。スマホやＰＣを手放すことで、目の前にいる家族や友人との関係性に集中できるという評判です。受け身ではなく、自分自身の頭で物事を考える。そんな時間を確保することにもつながります。

次ページでは、情報の吟味に役立つクリティカルシンキングの方法を紹介します。

▼Theme

東大生の断捨離術③

クリティカル・シンキングとは

例題にチャレンジしよう

例題

20代後半の女性会社員が「資格があったら将来安泰かなぁと思って、最近、簿記検定3級の勉強をはじめたんです」と発言したとします。彼女に対し、質問・指摘することができる点をできるだけ多く挙げなさい。

HINT

もっと詳しく聞きたい点は?
論理の甘い点は?
代替案は?

雰囲気や勢いに
流されず、真実を
追い求めよう

日常の中では流されがちな会話であっても本当にそれが正しい行動かどうかを客観的に捉えられるが重要。そのために分析すべきポイントをしっかり押さえておきましょう。

クリティカルシンキングは「批判的思考」と訳されます。「批判」の語感から、「あら探しをすること」だと誤解されがちですが、本来は、ものごとを客観的にとらえ、多面的・論理的に分析することを指しています。

　会話では、主観的な決め付けや論点のすり替えなどがごく一般的に行われています。日常のおしゃべりならそれでもよいのですが、仕事の議論上では厳密性が求められることもあるでしょう。自他の発言を次のような着眼点で分析

回答・解説

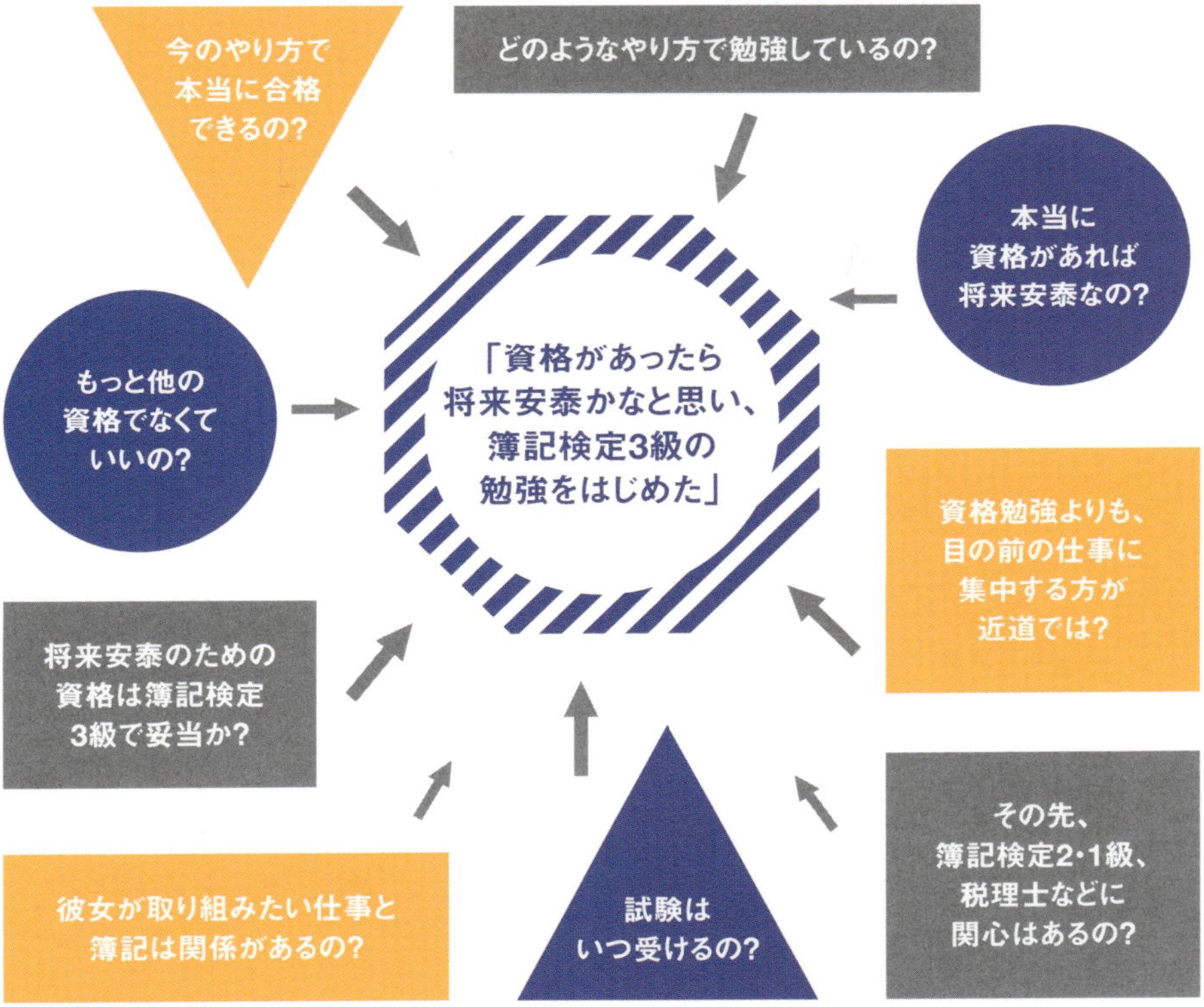

今回は他人の意見に突っ込む形の問題としたが、自分自身の考えや計画を検討するときにこそクリティカルシンキングを導入したい

してみてください。

「過度な単純化」。例外を無視していないか、多様な意見があるのに「賛成」、「反対」と安易に二分化していないか

「ステレオタイプ化」。性別や年齢、国籍などで人を決め付けていないか

「観測結果の選り好み」。自分にとって都合の良いデータだけに注目していないか

「循環論法」。「Aは良い。なぜならAは素晴らしいからだ」というように同じことのくり返しになっていないか

「人身攻撃」。意見の内容でなく、発言した人への嫌悪感で攻撃していないか

「伝統に訴える論証」。「今までやってきたんだから正しい」と思考停止していないか。

「因果と相関の混同」。相関関係だけなのに、因果関係と思い込んでいないか。

【第3章 断捨離を身につけよう】

▼Theme

机の整理術

整理で効率化をアップさせる

知らず知らずの内に積み上がる机上の書類たち。つかうかもと思っていても実際はほとどありません。いらないものを捨てる心構えをもてば習慣は後からついてくるでしょう。

汚いデスクが与える印象

POINT

❶ 非能率的
作業スペースが狭い。探し物に時間がかかりそう

❷ 不衛生
書類の山からお菓子の食べかけが出てきたりしそう

❸ けじめがない
会社に自分の私物を持ち込んでいそう、だらしない

❹ 危険
地震などで書類の山が崩れてきそうで周りは迷惑

❺ 不親切
本人の不在時、他の人ではモノが見つけられなさそう

　整理を辞書で引くと、「無駄なもの、不要なものを処分すること」と出てきます。机の整理術の第一歩は、要らないものを捨てることなのです。

　書類などを捨てるにあたっての心構えは「迷ったら捨てる」。「いつかどこかで使うかもしれない」と思うものは、たいてい二度と使いません。使うとしても、書類の中のごく一部の情報を参照するだけ。そうした要点は手帳などにメモを取っておけば十分。どうしても不安な場合、電子デー

068

捨てる技術

POINT

❶残すかどうか迷ったものは捨てる

❷うまく分類できないものは捨ててしまう

❸電子データ化する

❹捨てる日をスケジュールに組み込む

❺汚い状態を嫌う感受性をつちかう

一気に実践しようとすると、やることが多すぎて早々に挫折してしまいがち。まずこの中のひとつでも1週間実践してみよう。少しでも片付いた実感が出てくると、うれしくなって、どんどん片付けたくなってくるものだ

タ化してしまうと、机はすっきりするでしょう。

手もとに残す書類はボックスなどを利用して分類し、見出しをつけてすぐ見付けられるようにします。**パッと出せない書類はないのと同じ**です。

完成形は、机上に電話とパソコンだけがあり、引き出し内でそれぞれのモノの指定席が決まっている状態。デスクの浅くて大きめの引き出しは、急な離席のときの書類投げ込み用として空いているのが理想的です。

「机に何もない状態で帰宅する」、「毎週○曜日は書類整理の日」と決めるなど、**美しい状態をキープするための仕組み**もつくっておきたいですね。汚い机や、物が見付からない不便さを忌み嫌うような感受性が育ったら、もう散らかることはありません。

▼*Theme*

新聞との付き合い方

知識力が俄然変わってくる

近年インターネットが普及している中で新聞を読む習慣も減りつつあります。しかし思わぬ情報との出合いがあるのが新聞の大きなメリット。会話がきっと変わるはずです。

選択、眺める、詳しく知る
目的に応じて読む新聞を選ぶ

読みたいニュースに応じて新聞を読み分ける

「経済・企業情報なら日本経済新聞」は広く知られているが、他にも各新聞に得意・不得意分野がある。業界新聞などにも挑戦したい

ファッションや飲食、小売業なら日経MJ

日経MJは、小売業・飲食業などの企業情報やトレンド、マーケティング手法に特化している。週3回発行で手軽に読みはじめられる

さまざまな意見を知りたいなら、複数の新聞を買う

右寄りか左寄りかなど新聞社の方針によって、報じ方は変わってくる。大きなトピックなどは読み比べて情報を吟味したいところ

新聞活用の第一歩は、読む新聞を意識して選ぶこと。たとえば、小売業・サービス業に従事する人がトレンドをつかみたい場合は、「日経流通新聞（ＭＪ）」が参考になります。

ある出来事に関して様々な見解を知りたいときは、複数の新聞を読み比べるべきでしょう。同じ現象でも、日本経済新聞と朝日新聞、産経新聞ではまったく違う書き方になってきます。池上彰さんは毎日、何種類もの新聞に目を通すそうです。私たちも、気に

紙面全体をながめる

企画は情報の掛け合わせから生まれる 情報との偶然の出会いが 紙で新聞を読むことの魅力

インターネット検索では、探しているものの情報しか出てこない。思いもよらない情報が目に飛び込むのが、紙面を眺める楽しさ

気になる見出しだけ 本文まで読み込む

だいたいの情報は見出しで内容を把握できてしまう。本文を読むのは気になる記事だけにしぼることで時間を節約しよう

不確実な情報は 他媒体で裏をとる

経済予測や政策評価などは、新聞社によって内容が異なることもある。引っかかりを感じたら複数媒体を比較するくせをつけよう

文化面は 大人の 教養の宝庫

伝統芸能の公演、美術館の展覧会など、自分からは手に入れにくい情報も多い。興味の幅を広げ、教養を身につけるチャンス

企業サイト、統計データ、関連書籍などに広げる

新聞は、世間にあふれる情報のインデックス（索引）のようなもの。気になる記事があれば、さらに踏み込んだ調査をしてみよう

なる話題についてはできるだけ多面的に情報を得られるよう工夫したいものです。

　また、新聞（特に紙媒体）で情報を得るメリットとして、意図せぬ情報との出会いが挙げられます。**アイデアは知識や情報のかけ合わせから生まれる**もの。文化面で見かけた話題が思わぬ形で企画のタネになることもあるでしょう。

　とはいえ、片っ端から記事を読んでいたら、時間がかかって仕方ありません。まず見出しを見渡し、気になる記事だけ拾い読みすれば良いのです。

　気になった記事に関してもう一歩踏み込んで調べるようになったら、あなたも上級者。関連企業のサイトや統計データ、書籍などを調べることで、**情報の裏をとる**ようにしたいものです。

▼*Theme*

お金と時間を無駄にしない

効率アップの読書法

ついついタイトル買いする前に、本当に必要な本かどうかを吟味する習慣をつけましょう。方法を学び、アウトプットも忘れずに。そうすれば記憶に残る教養が得られます。

読書で意識したいのは、断捨離の「断」。お金と時間を無駄にしないよう、買う前に本を吟味する習慣をつけましょう。

そもそも、読書には3種類あります。ひとつ目は、**情報を得るための読書**。流行りのファッションをおさえるために雑誌を読むような場合がこれに当たります。一度読めば事足りることが多く、場所をとらない電子書籍で済ませることも検討したいところです。

ふたつ目は、**本質的な考え方を学ぶ読書**。何度も読み、

正しい本の選び方7か条

1　買う前にきちんと吟味する

なんでも買ってしまうのはお金の無駄であるだけでなく、それを読む時間の無駄。本を選ぶコツを知ろう

2　他者の評価

新聞・雑誌の書評欄や書店のポップなどを参考にするのも良し。Amazonのレビューは玉石混淆なので、よく読んで参考にしよう

3　書名で判断しない

インパクトを与えるために派手な書名がついていることが多く、内容を適切に表しているとは限らない。目次などで確認を

4

芋づる式読書

おもしろい本を見つけたら、同じ作者の本や同じ分野の本、参考文献として挙げられている本を読むなど、芋づる式に広げていこう

5

目次でアタリをつける

目次からその本の構成、難易度などをチェック。本当に自分が求めている情報があるかどうか、メドをつけよう

6

「情報を得る読書」「本質を学ぶ読書」「作品を味わう読書」を区別する

読書の目的は情報収集なのか、勉強なのか、娯楽なのか。目的によって、本の選び方もちがってくる

7

アウトプットや再読で自分のものに

「多読」に加え「味読」も身につけたい。何度も読んだり、内容をアウトプットしたりすることで理解が深まり記憶に残る

本の内容をしっかりと自分のものにしたいというケース。そして3つ目は、小説や写真集など、読むプロセス自体を楽しむ、**娯楽の読書**です。

本を買うときには、自分が今どの読書をしようとしているのかを意識しながら選びたいものです。特にひとつ目やふたつ目の読書の場合、**目次に目を通すことで自分の求めている内容が書かれているかどうかを確認**する必要があります。苦手分野を克服しようと『○○入門』という本を買ったら、既に知っているばかりで参考にならなかった——こんな失敗をしないようにしましょう。

読む前だけでなく、読んだ後も大切。ノートやブログにまとめたり、人に話したりするなど、アウトプットの機会をもつと学びが定着します。

第3章のおさらい

POINT

❶部屋の片付け、仕事、
情報、すべて断捨離を

❷迷ったら捨てる!
整理の基本は捨てること

❸情報を吟味する
クリティカルシンキング

❹新聞や書籍とのよい
付き合い方を身につける

❺断捨離から生まれる
集中力と創造性

断捨離で部屋も心もすっきりすると、本来やるべきことに集中できるようになります。気持ちに余裕があるおかげで、改善のための工夫や新しいアイデアなど、未来につながる動きも生まれます。片付けだけでなく仕事や勉強、情報収集にも断捨離を応用して、前向きに力を発揮しましょう。

アタマをやわらかくする

東大生の休み時間

[英語編]

問題

もし他人の心が読めたら、どうなるか、考えられる結果について50～60語の英語で記せ。複数の文を用いて構わない。

解説

他人の心が読めるようになったときに起こる現象、その現象が起きるプロセスや原因を自由に想像して書く問題です。東大英語は制限時間も短く、この問題に費やせる時間も5～10分ほど。内容に凝ろうとすると、時間が足りなくなってしまいます。パッと思い付いた内容を順序良くまとめることに力を注ぎましょう。他にも、「It is not possible to understand other people's pain.（他者の痛みを理解することは不可能である）という英文を読み、その内容について思うところを50～60語の英語で記せ」(2011年)、「今から50年の間に起こる交通手段の変化と、それが人々の生活に与える影響を想像し、50～60語の英語で具体的に記せ」(2008年）などがあります。

解答

例1

If we could guess how other people are thinking, we would fight a lot. In general, we smile politely at each other even if we are on bad terms. Such a way is called social skills. That's how our community is kept. If we understood others' real feelings, it would break down.（52語）

（もし他者がどのように考えているのかを言い当てることができたら、私たちはたくさんケンカすることになるだろう。一般的に私たちは、仲が悪かろうが、お互いに礼儀正しく微笑みあう。そのようなやり方を社交術という。そうやって私たちのコミュニティは維持されているのだ。もし私たちが他者の本音をわかってしまったら、それは崩壊してしまうだろう。）

例2

If we could read others' minds, we could talk without opening our lips. For lazy people, it is a pain to move his or her mouth. There would be a lot of silent conversations. As a result, our chins would become weak. The world would be full of those who have upside-down triangle faces.（55語）

（もし私たちが他者の心を読むことができたら、私たちは口を開けずに話すことができるだろう。怠惰な人々にとっては、口を動かすのは面倒なことだ。沈黙の会話が多く繰り広げられるだろう。結果として、私たちのあごは弱くなるだろう。世界は逆三角形の顔を持つ人々でいっぱいになるだろう。）

Theme

東大現役合格・首席卒業させた親のポイント❶

子どものサインを逃さない

子どもを東大に現役合格させるには？ ここでは、著者の母に語ってもらいました。どのように育てたら、東大に入れたのか。その秘訣を、直接教えていただきましょう。

親の第一歩は子どもの観察

・はじめての子
・子育てがよくわからない

↓

子どもと一所懸命向き合う

求めている　求めていない

↓　↓

子どもにいま何をすべきか理解する

「子どもを東大に入れる秘訣は？」この質問をされるといつも、「特別なことは何もしていません」と答えています。

実際、娘を育てていたときに意識したのは、朝起こすことと、ごはんをちゃんと用意してあげることくらいではないでしょうか（笑）

裕子は初めての子。どうしたらいいのか、子育ての勝手もわからないまま、ただただ懸命に向き合ってきました。だけど、それがかえってよかったのかもしれません。正解

子どもの好きなものを理解

- 読みきかせが好き
- ひらがなをじっとみつめている
- 字があるものには集中している

↓

国語に興味があることがわかる

↓

好きなことにとことんつきあう

※実際に吉田さんに対しておこなった教育

音読

おしゃべりの相手になる

あきるまで読み聞かせ

を知らなかったからこそ、今この子は親に何をしてほしいのか、してほしくないのか。それを察知しようという努力をし続けることができました。

この子は、2歳半のころには、ひらがなのポスターを見つめていました。字が大好きで、食卓の調味料のラベルまでも読んでいるという、字の大好きな子だったので、絵本の読み聞かせはたくさんやりましたね。交代交代で読んだりもして、何百回と読んだ本もあると思います。

また、幼稚園、小学校と世界が広がっていくと、その日あったことを家でしゃべるようになりますよね。こちらがおもしろがりながら聞くと、娘もどんどんしゃべります。そうした生活の中で、国語力が磨かれていったように思います。

▼Theme

東大現役合格・首席卒業させた親のポイント❷

目標を実現させるコツ

多感な高校生時代。受験勉強だけでなく、部活もがんばってもらいたいものです。では、どうやってその両立が可能だったのか、親の目線から教えてもらいました。

「東大に行きたい」そうした高い目標をもつこと自体は簡単です。大切なのは、実現のために日々高い目線をもって過ごすこと。当たり前の基準をいかに高くもつか、です。

その点、娘の高校はよい環境でした。部活に励みながら、勉強も当然のように頑張る同級生がたくさんいました。切磋琢磨しながら、娘はキャパシティを広げていきました。

私からも「定期テストは○○点とれて当たり前」と、高い要求水準を伝えていました。

目標:東大
実現するためには何が必要か。
高い水準を当たり前にさせる
向上心がめばえます
ライバルの存在
定期テストの目標
満足させない

ときには厳しく叱ることも必要

・努力不足（甘えや妥協を指摘する）
・実力はもっとある（可能性を伝え励ます）

↓

くやしさをバネに自己努力を促す

模擬試験を活用する

↓

自己評価　**自己分析力**
ライバルの意識　**明確な目標**

「○○ちゃんは△△点でも褒めてもらっているよ！」と反発されることもありましたが、譲りませんでした。その点数は、本人の実力ならとれると確信していたからです。点数の悪いのが本人の努力不足が原因のときは厳しく叱りました。自分の可能性を無駄にしてもらいたくなかったですからね。次第に、叱られる前に悔しさを感じ、自ら反省できる子に育っていきました。

高2の秋以降は、模擬試験を多く受けてもらいました。できなくて悔し涙を流していたこともありましたね。そんな日ほど、解説冊子を真っ黄色に塗りつぶして復習していたのを覚えています。

できなかったところを反省し、勉強のしかたを改善する。その繰り返しで成績を伸ばしていきました。

▼*Theme*

東大現役合格・首席卒業させた親のポイント❸

塾に行かずに合格させるには

進学塾や予備校は、受験の成功には不可欠だと思っていませんか？ 実は、学校での勉強と、たしかな家庭でのフォローがあれば、東大の現役合格も夢ではないんです。

すべて子どもにまかせること

教材はすべて子どもに選ばせる

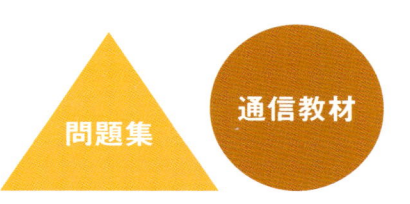

問題集

通信教材

通信教材も親が申し込んだときは続かなかった。子ども自身が選択することがやりとげようという責任感につながる

“たらればˮはいらない 置かれた状況下で最善を尽くす

↓

進路はすべて子どもまかせ

家から大手予備校が遠かったこともあり、娘は通信添削と問題集だけで勉強しました。模試がふるわないときなど、「予備校に行けたら、違うのかなぁ」と思うこともありましたが、ないものねだりをしてもはじまりません。親子ともども「たられば」は封印。置かれた状況の中で何ができるのかを考えるようにしました。

参考書・問題集は本人に選ばせるようにしました。中学生の頃などは親から買い与えたこともありましたが、それ

学校の先生のサポート

各教科の信頼できる
先生を探す

過去問演習の
添削を依頼する

貴重なアドバイスを
もらえるようになる

思春期だからこそ、親よりも
他者の意見が効果的なときもある

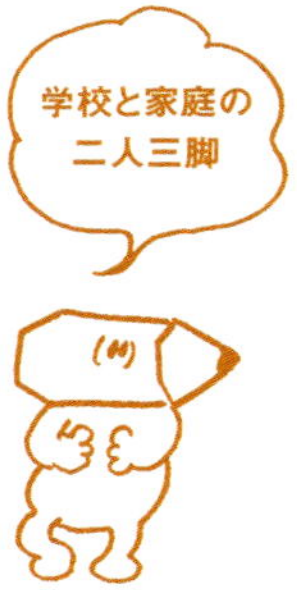

積極的に質問・相談に行き、先生にかわいがってもらえる生徒になると、受験にあたって心強い。子どものサポーターは多いほうがいい。父親と母親とでは子どもに対する役割が違うように、親と先生も、またA先生とB先生も与える影響は違う。多くの大人から刺激をもらうとたくましくなる

はだいたいキレイなまま(笑)。何カ月も使うものですし、自分で選んだ方が愛着も芽生えるのでしょう。ひとつずつ、調べ、選ぶ過程で、受験生としての自覚も育っていったように思います。

　合格できたのは、学校の施設や先生方の力を借りられたのも大きかったですね。各教科にひとりずつ信頼できる先生がいたのは助かりました。過去問演習の答案は添削してもらうようにしていました。

　また、思春期の子どもは、ウチとソトでは違う顔をしているものです。親がどれだけいっても聞かなかったことを、先生からいってもらうと、素直に聞き入れる場合もありました。子どもたちにとっては「何をいわれているか」ではなく「誰にいわれているか」が重要なんでしょうね。

▼Theme

東大現役合格・首席卒業させた親のポイント④

勉強しろといわない教育法

「勉強しろ」といったところで、なかなか子どもには響きません。では、どんな声を掛けたらいい？　子どもへのメッセージの送り方、実はとっても重要なんです。

自分の体験談は失敗を中心に

× あの頃はあなたよりも勉強していたわ

↓

美化しない
もっとヤル気が出ないことに

◎ わたしもそうやって悩んだわ

↓

共感を呼ぶ

とかく親のお説教というのは、子どものやる気を削ぐもの。特に「私が受験生のころはもっと真面目にやってたわ」と語ろうものなら、「時代が違う」、「自分の過去を美化している」としらけられてしまいます。

体験談を語る場合は、失敗談を話すのがオススメ。落ち込んでいるときに「私もそんな風に悩んでいたの」と共感してもらえたら、子どもはうれしいものです。その方が親の助言だって素直に聞けます。「成績が悪いんだから部活な

好きなことをやらせるが結果は厳しく求める

- やりたいことをやっているからこそ途中の方法はまかせる
- 結果に対しては責任を追及する

ヤル気になるまで「待つ」「こらえる」ことも必要

- 勉強しないには理由がある
- 気をまわしつづけると子どもは一人で歩かなくなる

ついついコントロール下に置きたくなってしまうが、「子どもは子ども。別の人生」とグッとこらえて見守りたい。すべてが順調にいかなかったとしても、失敗したら失敗したなりの学びを得て成長していくものだ

んてやめなさい！」というのも危険。好きなことを禁じると、親や勉強を恨めしく思うだけです。時間が空いても、そのぶん前向きに勉強に取り組んでくれるとは限りません。

好きなことに取り組むのは気持ちよく認めてあげたいですね。「やりたいことを好きにやらせてくれてありがとう」という感謝から、勉強の方も頑張ってくれる子もいます。うちの子の場合は、好きなことを守りたい気持ちが勉強のエネルギーを生んだようです。部活や趣味に干渉されないように頑張っていたんですね。

勉強時間など、プロセス面は本人に任せつつ、テストの点数など結果責任は追及する。そんな温度感がいいのではないでしょうか。時にはぐっとこらえることも必要ですね。

▼*Theme*

東大現役合格生がオススメする

一度は読んでおきたい名著40冊

古くからいわれていることですが、小さい頃から本に触れることは勉強の習慣への第一歩。勉強に興味がわく、おもしろくなるオススメの本を40冊一気に紹介します。

本との出合いには二種類あると感じています。

ひとつは、自分の感覚になじむものを読み進めていくような出合い方。気に入った作家の本を次々と読み、とうとう読み尽くしてしまった。そんな経験はありませんか？

もうひとつ、先生や友人から薦められるなどして、自分とは異質な本と出合うことがあります。ろくに読み進められずに終わることもあれば、不思議な化学反応が起きることがあります。初めは落ち着かなかったのだけど、最終的に自分の世界が広がったような感覚になることがあります。

今回、私が推薦する本を挙げているのですが、何冊かは理系の友人から薦めてもらって偶然読んだ本です。皆さんにとっても、世界を広げるような出会いがあればよいのですが。

受験参考書のコーナーでは、大人が読んでも楽しめるものを選んでいます。改めて学んでみると、高校科目の深さや可能性に驚かされると思いますよ。

子どものころから良書に触れる

大人も子どもも楽しめる本

絵本を中心に、子どもといっしょに読みたい本を集めました。
小さいころから質の高い本に触れることで、地頭が育ちます。

筒井頼子 作／林 明子 絵
『はじめてのおつかい』
福音館書店

5歳の女の子のはじめてのおつかい。緊張したり戸惑ったりしながら、ひとつひとつ前に進んでいくときのドキドキをともに味わえる

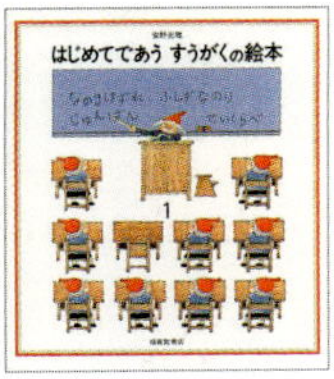

安野光雅
『はじめてであうすうがくの絵本』
福音館書店

数学の魅力をユーモラスに教えてくれる絵本。勉強だと特に意識することなく、図形や数字、論理の感覚を養うことができる。全3巻

土家由岐雄 作／武部本一郎 絵
『かわいそうなぞう』
金の星社

太平洋戦争末期、餓死させられた上野公園の3頭の象。人間を信じ続けた象、象を守ろうとした飼育員の、時代の悲劇を描いた物語

西内ミナミ 作／堀内誠一 絵
『ぐるんぱのようちえん』
福音館書店

孤独な象、ぐるんぱ。どこに働きに出ても失敗続き。でも、最後に幼稚園をつくると……。懸命に働いて居場所を生み出す姿に感動

アンデルセン、曽野綾子 作／
いわさき ちひろ 絵　『にんぎょひめ
(いわさきちひろの絵本)』偕成社

アンデルセンの名作。悲しく残酷な結末をむかえる物語を、曽野綾子の日本語訳といわさきちひろの絵がせつなく美しく魅せてくれる

アンネ フランク 著／
皆藤 幸蔵 訳
『アンネの日記』文春文庫

ユダヤ人少女がナチスに捕まる前の隠れ家暮らしを綴った日記。みずみずしい筆致は1人の少女が確かに生きていたことを感じさせる

奥本大三郎 訳／見山 博 絵
『ファーブル昆虫記〈1〉
ふしぎなスカラベ』集英社

たくさんの昆虫を好奇心いっぱいに観察・研究したファーブル。昆虫の生態がいきいきと描き出され子どもも大人も楽しく読める一冊

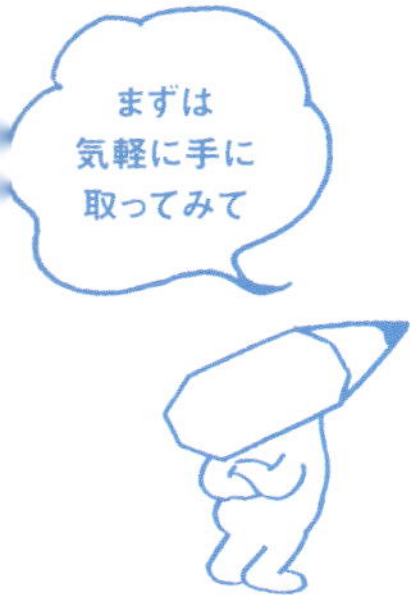

高校生からでも読める

気軽に読めて賢くなる一冊

星 新一
『ボッコちゃん』
新潮文庫

スマートでユニーク。子どもが読んでも楽しく、大人が読むと、その諷刺にはっとさせられる。そんな星新一のショートショートの魅力を存分に味わうことができる傑作選。表題作をはじめ、本人選の50作が収録されている

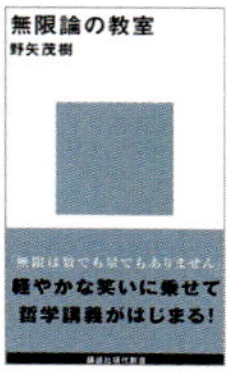

野矢茂樹
『無限論の教室』
講談社現代新書

現代数学に欠かせない「無限」という概念について、教師と生徒の対話の形で綴った一冊。「無限」という厄介な概念が、いかにして数学の世界にとり入れられていったのか。難解な数式を用いることなく、親しみやすく教えてくれる

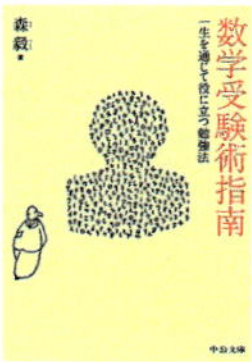

森 毅
『数学受験術指南』
中公文庫

「わからない」場面にどう立ち向かい、付き合っていくか。それは、受験も人生も同じ。単に公式を覚えるだけでない勉強法は、人生を通じて必要だと説く。名物数学者による、タイトルとは裏腹に、肩の力の抜けた楽しいエッセイ

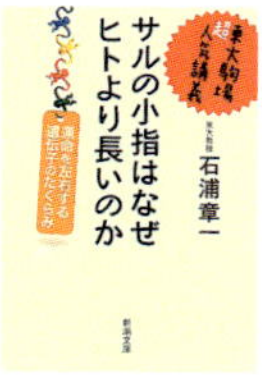

石浦章一　『サルの小指はなぜヒトより長いのか―運命を左右する遺伝子のたくらみ―』新潮文庫

東大の名物教授の講義録。男女の考え方が違う理由、ハゲる意味、遺伝病、ダイエットなど、身のまわりの現象を、最新の生命科学の知見で解き明かしていく。文系学生向けの授業なので、誰でも楽しく読むことのできる一冊

司馬遼太郎
『歴史と視点―私の雑記帖』
新潮文庫

『竜馬がゆく』、『燃えよ剣』など数多くの歴史小説を残した司馬遼太郎。彼の発想の源泉にあったのは何だったのか。太平洋戦争を戦車隊員として戦った自身の体験などをふりかえりながら、権力論や日本人論にまで言及するエッセイ

山口昌哉
『数学が分かるということ 食うものと食われるものの数学』ちくま学芸文庫

数学を理解するとは。数学をつくっていく過程とは。一流の数学者が誠実に語りかけてくれる一冊。世間に流布している「数学者」のイメージが変わるだろう。後半の数学的内容も、日常的な例を題材にとってやさしく語られている

大学で学ぶ内容がどんなものか気になっている高校生から、もう一度教養を身につけたい社会人まで、気軽に読むことができる本。文理問わず、読んでおきたい本です。

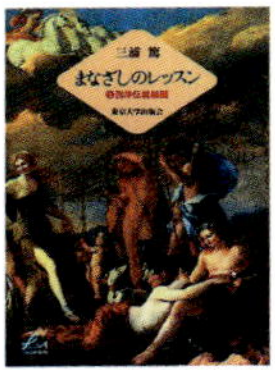

三浦 篤
『まなざしのレッスン〈1〉西洋伝統絵画』
東京大学出版会

美術館に行っても「まるで本物みたい！」といった陳腐な感想しか出てこない。そんな自分の芸術センスのなさに愕然としているという人にオススメしたい一冊。実例をふんだんに用いながら、絵を読み解く際の着眼点を示してくれる

今橋映子
『フォト・リテラシー——報道写真と読む倫理』中公新書

いまやリテラシーは単なる読み書き能力という意味を越え、情報に踊らされず、主体的に運用するという意味で用いられるようになっている。報道写真に対するわれわれの常識をくつがえし、写真を「読む」という態度に導いてくれる

R.P.ファインマン ／大貫昌子 訳
『ご冗談でしょう、ファインマンさん』
岩波書店

ノーベル物理学賞を受賞した天才物理学者の自叙伝。という説明が似合わないほど、本書はひたすらに楽しい。子どものような好奇心と茶目っ気を一生にわたって終生持ち続けたファインマン氏の自由な発想と科学への情熱がまぶしい

伊藤 真
『伊藤真の憲法入門——講義再現版』日本評論社

司法試験や国家公務員試験に挑戦する東大生から絶大な指示を集めてきた法律塾の塾長が、自身のライフワークという憲法について、熱く、わかりやすく語った講義録。改憲もささやかれる今、憲法を学びたい人におすすめの一冊

本川達雄
『ゾウの時間 ネズミの時間——サイズの生物学』中公新書

動物生理学者である筆者は、動物のサイズに注目する。動物はサイズによって、流れる時間の速さが異なっている。しかし、一生の間に心臓が打つ総数は同じになるのだという。そうした神秘の背景にある動物界の論理を語り明かす

谷岡一郎
『「社会調査」のウソ——リサーチ・リテラシーのすすめ』文春新書

筆者は「社会調査の過半数はゴミだ」と断言する。ちまたのアンケート結果や統計データには、いい加減さや実施者の意図によるゆがみがあふれているのだ。社会科学者の厳密なまなざしを身につけると、世の中の真実が見えてくる

ぜひトライしてみよう

教養として挑戦したい名著

三田村雅子
『源氏物語――物語空間を読む』
ちくま新書

現代の読者をも感嘆させてやまないほど、緻密に織りなされた『源氏物語』五十四帖の世界。そこにははっきりと語られず、暗示にとどまっていることも多い。身体や植物に着目した積極的な読みで、物語の意味や構造を明らかにする

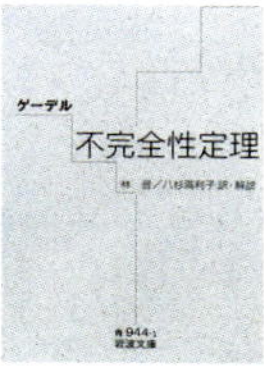

ゲーデル ／林 晋、八杉満利子 訳
『ゲーデル　不完全性定理』
岩波文庫

数学に限らず、多くの分野にセンセーションを巻き起こした不完全性定理。その論文そのもの、訳、そしてこの論文が書かれるにいたった歴史的経緯の解説からなる一冊。定理の意味に加え、数学史の中での意味を考えることができる

イアン・スチュアート ／芹沢正三 訳
『現代数学の考え方』
ちくま学芸文庫

高校までの数学と、大学以降の数学はどのように違うのだろうか？その問いにやさしく、身近な例で答えてくれるのが本書だ。代数を小学校の割り算から説きおこし、幾何を犬の毛並みから語りはじめる筆致は、読む者を飽きさせない

マックス・ウェーバー ／大塚久雄 訳
『プロテスタンティズムの
倫理と資本主義の精神』岩波文庫

プロテスタントはもともと金儲けなどを否定する禁欲的な倫理を掲げている。しかし、その教義がめぐりめぐって近代資本主義の精神を生み育てることとなった。この逆説的な真実を丹念に解き明かした、社会学の最重要古典のひとつ

トーマス・クーン ／中山茂 訳
『科学革命の構造』
みすず書房

科学は右肩上がりの直線のように発展してきたと考えられているが、実際その進歩には、ある枠組みの中での前進と、枠組み自体を転換してしまう科学革命とがある。枠組み＝パラダイムの概念は科学哲学の世界を超え広く影響を与えた

エドワード・W.サイード ／
今沢紀子 訳
『オリエンタリズム』平凡社ライブラリー

オリエンタリズムは、西洋が東洋の風物に対して抱く憧れや好奇心。それは実は、東洋に対して抱く人種主義的な偏見に基づくものであり、植民地支配を助長する思想であったということを明らかにする。異文化理解を考える人の必読書

「教養を身につける」とひとことでいっても、何を読めばいいのかわからないもの。ここでは、文理問わず一度は読んでおきたい「定番中の定番」ばかりを集めました。

E.H.カー ／清水幾太郎 訳
『歴史とは何か』
岩波書店

歴史とは、過去に起きた事実を調べたり覚えたりする学問である。そう考えている人にぜひ読んでもらいたい一冊。実は、歴史というのは、現在と過去との対話であって、その現在のありようによって変わってくるものなのだという

ジョン・ダワー／三浦陽一、高杉忠明 訳
『敗北を抱きしめて 上 増補版
―第二次大戦後の日本人』岩波書店

戦争に負けると、敗戦国の国民は勝者を憎み、卑屈な態度におちいるものである。第二次世界大戦直後の日本人の姿はそのような常識をくつがえすものであった。写真を交え、平和な世界を目指し改革に希望を燃やした民衆の姿を描く

伊藤元重
『入門経済学』
日本評論社

経済学の教科書の定番。現実の経済問題の例を豊富にとりあげることで、初心者が実感をもって経済学を理解できるように工夫されている。マクロ経済学とミクロ経済学の基礎・展開を学ぶことができ、問題と解答・解説も充実している

ベネディクト・アンダーソン ／
白石 隆、白石さや 訳
『定本　想像の共同体―ナショナリズムの起源と流行』書籍工房早山

ナショナリズムの起源を考察した1冊。印刷・出版業の発展が国民意識の形成に及ぼした影響などを鋭く分析。「国民」というのは、社会的・政治的な実体を伴う概念ではなく、人々の心の中にあるイメージであることを明らかにする

リチャード・ドーキンス ／日高敏隆、
岸 由二、羽田節子、垂水雄二 訳
『利己的な遺伝子
<増補新装版>』紀伊國屋書店

なぜ世の中から争いがなくならないのか。なぜ男は浮気をするのか。こうした謎を、視点を個人から遺伝子に移し、自らの複製を残そうとする遺伝子の性質に注目をすることで鮮やかに解き明かしていく。SFのように読める生物学の書

大人にも効く"受験勉強"

いまこそ手にとりたい受験参考書

もう二度と参考書や単語帳は見たくない……、と思うかもしれませんが、実は参考書はわかりやすい知識の宝庫なんです。

畠山 創
『畠山のスパッとわかる政治・経済爽快講義改訂4版』 栄光

憲法や政治、経済の知識はニュースを読むのに欠かせない。気になる話題を確認できる見開き完結型

相澤 理
『歴史が面白くなる東大のディープな日本史』 中経出版

東大日本史の入試問題を題材にしながら、日本史を理解するための新鮮でディープな切り口を学べる

荻野文子
『マドンナ古文常識217 パワーアップ版』 学研マーケティング

古文を読むのに必要な力は、単語・文法だけではない。平安時代の生活や文化がいきいきと描かれる

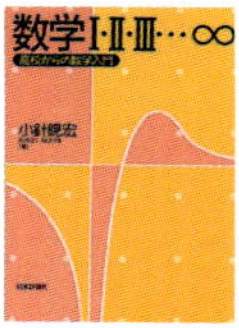

小針 宏
『数学I·II·III…∞—高校からの数学入門』 日本評論社

高校数学の題材を通じて、そこに潜む大学以降の数学を語る一冊。全編対話形式であり、読みやすい

山本明利、左巻健男
『新しい高校物理の教科書—現代人のための高校理科』 ブルーバックス

クイズやコラムを交え、現代を生きる大人なら知っておきたい高校物理のエッセンスが語られる一冊

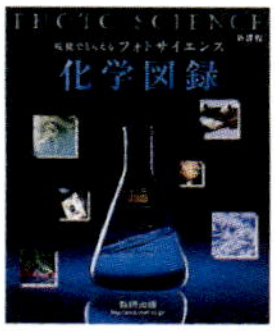

数研出版編集部
『新課程視覚でとらえるフォトサイエンス化学図録』 数研出版

目にあざやかな写真・CGの数々で、化学の実験や物質の反応を視覚的に学ぶことができる

荒巻豊志 『荒巻の新世界史の見取り図』 東進ブックス

この出来事が起きたのはなぜか。地図と楽しい語り口で、世界史の流れを明らかにしてくれる。世界への見方が広がる一冊

風早 寛
『速読英単語(1) 必修編』 Z会出版

単語の羅列を丸暗記する英単語帳を否定し、文章の中で語彙を増やすことをモットーとする。多岐にわたる英文が興味深い

成田あゆみ、日比野克哉
『英作文のトレーニング』
Z会出版

英作文の苦手な人は、日本語の文章を一語一語訳そうとして行き詰まる。発想自体を変えることで書けるよう導いてくれる

浅野直樹、榎吉郁夫 著
『現代文キーワード読解』
Z会出版

入試現代文だけでなく、現代を読みとくために不可欠なキーワードが詰まっている。語彙を増やしながら、考え方が広がる

アタマをやわらかくする

東大生の休み時間

[日本史編]

問題

明治維新の過程ではさまざまな政治改革の構想が打ち出された。次の文章はそのもっとも初期の例で、1858年、福井藩士橋本左内が友人に書き送った手紙の一部を現代語に直したものである。

「第一に将軍の後継ぎを立て、第二に我が公(松平慶永)、水戸老公(徳川斉昭)、薩摩公(島津斉彬)らを国内事務担当の老中、肥前公(鍋島直正)を外国事務担当の老中にし、それに有能な旗本を添え、そのほか天下に名のとどろいた見識ある人物を、大名の家来や浪人であっても登用して老中たちに附属させれば、いまの情勢でもかなりの変革ができるのではなかろうか。」

この後、維新の動乱を経て約30年後には新たな国家体制が成立したが、その政治制度は橋本の構想とはかなり違うものとなっていた。主な相違点をいくつかあげて90字以内で述べなさい。

解説

橋本の手紙からは、有力な藩主を老中に据えたり、見識のある武士を全国からとりたてたりするなど、幕藩体制・将軍制度を維持しながら改革を進めることを考えていたことを読み取ることができます。

しかし、1868年の大政奉還によって、政権は幕府から朝廷に返還されました。「王政復古の大号令」に見えるように、天皇中心の中央集権体制の確立をめざして、急激な改革が推し進められていきます。たとえば、1869年の版籍奉還により、各藩の支配していた土地・人民は朝廷に返還されています。その2年後の廃藩置県により、藩名も消滅。幕藩体制は名実ともに消滅しました。

この手紙の約30年後(1888年前後)には、明治政府の国家体制が固められようとしています。

1885年　内閣制度ができ、伊藤博文が初代内閣総理大臣になる
1889年　大日本帝国憲法が発布される
1890年　第1回衆議院議員選挙が行われ、帝国議会が開催される

解答例

王政復古を宣言し天皇中心の中央集権化を進めた明治政府は、大名権力を消滅させ、武士の特権も廃止した。大日本帝国憲法発布に続き、地主層も参加する議会が開設され、近代立憲体制を目指した。

2013年度東京大学入学試験　日本史　第4問より

第6章　これが東大入試の問題です

東大入試のポイントは〝考える力〟

東京大学の入試は、受験戦争の象徴のように見られています。しかし、入試問題を見てみると、意外な事実に気がつきます。東大入試は鬼のように難しいわけではないのです。他の大学と比べても、むしろ基礎を大切にした出題だといってよく、やみくもに知識を詰め込むスタイルの勉強を否定しているようにも感じられます。

すべての科目に共通するのは、基礎知識や本質的な理解に基づいて、自ら考え、結論をわかりやすく表現する力を求めていることです。大学入学後、そして社会に出てからも活きてくる力ではないでしょうか。

ここでは実際の出題例をご紹介します。時間が許せば解いてみてください。数学などは公式を忘れていると難しく思われるかもしれませんが、こういう問題が出るということを知ったり、出題傾向紹介を読んだりするだけでも参考になることがあると思います。「本物の学力とは何か」ということを考えるきっかけになれば幸いです。

東大入試を学ぶポイント

1. 東大入試は
難問奇問ではない

2. 基礎の上に
積み重ねた思考力を見る

3. 一流の実力をもつ人材を
どのような試験で
見抜いているのかを知る

4. 本物の学力とは何なのかを
考えるヒントにする

5. 学力は仕事力に通じる

英語

1

下に示す写真の左側の人物をX、右側の人物をYとして、二人のあいだの会話を自由に想像し、英語で書け。分量は全体で60～70語程度とする。どちらが話しているかわかるように、下記のように記せ。XとYのどちらから始めてもよいし、それぞれ何度発言してもよい。

（2013年度東京大学入学試験　英語　第2問より）

X：____________　Y：____________　X：____________

Y：____________

Hint

Yの人物は何を指さしているのか
Xの人物の右手が耳のあたりにあるのはなぜか
与えられた条件を活かして会話を組み立てよう

| 2 |

これまで学校や学校以外の場で学んできたことのなかで、あなたが最も大切だと思うことはなにか、またそれはなぜか。50〜60語の英語で答えよ。

（2013年度東京大学入学試験　英語　第2問より）

Hint

まず大切だと思うことを簡潔に述べよう
そして、それはどういうことなのかを述べた後に、大切だと思う理由を述べると読みやすい

| 3 |

次の英文（1）〜（5）には、文法上、取り除かなければならない語が一語ずつある。解答用紙の所定欄に該当する語を記せ。

(1) Discovery is not the sort of process about finding which the question "Who discovered it?" is appropriately asked.

(2) Discovering a new phenomenon is necessarily a complex event, one of which involves recognizing both that something is and what it is. ❶

(3) ❷Science does and must continually try to bring theory and in fact into closer agreement, and that activity can be seen as testing or as a search for confirmation or disconfirmation.

(4) Discovery makes it possible for scientists to account for a wider range of natural phenomena or to account with greater precision for some of those were previously unknown.

(5) Newton's second law of motion, ❸though it took centuries of difficult factual and theoretical research to achieve,behaves for those committed to Newton's theory seem very much like a purely logical statement that no amount of observation could prove wrong.

（2010年度東京大学入学試験　英語　大問4より）

Hint

❶「新しい現象を発見するということは必ず複雑な事象である、何かが存在するということと、それが何であるかということの両方を認識することを含んでいる事象なのである」という意味の英文です

❷ この部分に余分な語が含まれている

❸ この部分を省略しても文は成立する
Newton's second law of motion behaves 〜という文だと見て考えてみよう

▸ 解答はP96へGO!

英語解答

| 1 | イラスト英作文

X：Don't you hear a strange sound in the woods? Is it an insect or something?
Y：Look at that little bird. Maybe, it is his voice. It's so cute.
X：Um… it's not like a bird.
Y：Why? I can't hear anything but a bird's voice.
X：What on earth is going on? It's getting louder and louder.
Y：Are you fine?
X：Sorry, but it's just that there was something wrong with my hearing aid.
(70 words)

X:林の中から変な音が聞こえないか？　虫の鳴き声かな？
Y:たぶんあの小鳥の鳴き声じゃないかしら？　かわいいですねえ
X:いや、鳥が鳴いているような感じじゃないんだよ
Y:あら、私には鳥の鳴き声以外聞こえませんよ？
X:おかしいな。どんどん音が大きくなってるぞ？
Y:大丈夫？
X:すまん。補聴器が故障しているだけだったよ

| 2 | 自由英作文

▶ **学校内の場合**

In school, I learned putting up with what I don't like to do was the most important. Three years ago, I hated to study English. I scored very poorly on the subject. But I wanted to go to university by any means. I have continued to study hard. Now I become good at English enough to have an entrance exam.
(60 words)

学校で学んだ最も大事なことは、やりたくないことを我慢してやるということである。3年前、私は英語がとても嫌いで、成績も非常に悪かった。しかし、どうしても大学に行きたかったので、頑張って勉強し続けてきた。今では英語ができるようになり、入学試験も受けられるほどになったのである。

▶ **学校外の場合**

Outside school, I learned how hard it is to live alone. Last year, I decided to leave home and work part-time for a year. During the period, I had to do with lots of things by myself, such as preparing a meal and earning money. These tasks are what my parents had done. I realized the greatness of my parents.
(60 words)

学外で学んだのは、ひとりで生活するということがいかに大変かということである。去年、私は親元を離れ、一年間アルバイトをしながら生活することに決めた。その間、食事をつくったり、お金を稼いだりと、それまで両親がやっていた多くのことを自分自身でやらなければならなかった。自分の親がいかに偉大かということを悟ったのである。

バランスのとれた総合的英語力

英作文では英語力に加え、内容構成力・論理力などが見られています。一方、誤文訂正では文法的に緻密な分析が求められています。読みと書き、柔軟さと堅実さ、多様な能力が必要です。

|3| 誤文訂正

(1) finding

whichの役割がポイント。whichはここでは関係代名詞だと思われますので、これに続く節の中で、主語か目的語になっていなければいけません。しかし、the question〜askedの部分では、受動態の文が完成しており、このままではwhichは主語にも目的語にもなりません。そこで、findingを省くことで、whichを前置詞about(〜に関して)の目的語にします。「発見というのは、『誰がそれを見つけたのか?』という質問が正確な意味でなされうるような類の過程ではない」

(2) of

この問題でもwhichの役割がポイントになります。直前にofという前置詞があるため、このwhichはofの目的語と考えられます。しかし、直後にinvolvesという動詞もあるので、このwhichは主格の関係代名詞ということにもなります。通常、ひとつの関係代名詞が主語と目的語の両方を兼ねることはできないので、文脈も考慮してofを省きます。

(3) in

等位接続詞andの使い方がポイントです。等位接続詞は、文法的に同じ働きをするものを並べるときに使います。(例:Tom and Mary will come.)　in factは「実際に」という熟語ですが、今回その直前のandを見てみると、theoryというbringの目的語があるので、このandは目的語を並列させるはずだと考えられます。そこで、inを省くことでfactを目的語にし、「bring 目的語 into 〜」という形を完成させます。

(4) were

for some of以降の文構造に着目します。forは前置詞なので目的語が必要です。そのため、後ろは全体として名詞のかたまりにならなければいけません。しかし、動詞wereがあることで、forの後ろが全体として節(主語・動詞のかたまり)になってしまいます。そのため、wereを省きます。

(5) seem

,〜,で囲まれた挿入部though〜achieveは省略することもでき、Newton's second law of motion behaves〜という文として考えることが可能です。ここで、(4)同様、動詞behaves(ふるまう)の直後にある前置詞forに着目します。直後のthose(人々)が目的語で、committed〜theory(ニュートンの理論に造詣の深い)がこれを修飾しています。しかし、その後にseemという動詞があることで、for以降の文構造が全体として節になってしまいます。そこで、seemを省きます。for〜theoryも(　)に入れ、behaves very much like〜とつなげた方が意味はとりやすいでしょう。

現代文

すべての道徳は、ひとが徳のある人間になるべきことを要求している。徳のある人間とは、徳のある行為をする者のことである。徳は何よりも働きに属している。有徳の人も、働かない場合、ただ可能的に徳があるといわれるのであって、現実的に徳があるとはいわれないのである。アリストテレスが述べたように、徳は活動である。ひとが徳のある人間となるのも、徳のある行為をすることによってである。それでは、如何なる活動、如何なる行為が徳のあるものと考えられるであろうか。この問題は抽象的に答えられ得るものでなく、人間的行為の性質を分析することによって明らかにさるべきものである。

人間はつねに環境のうちに生活している。かくて人間のすべての行為は技術的である、言い換えると、我々の行為は単に我々自身から出るものでなく、同時に環境から出るものである。単に能動的なものでなく、同時に受動的なものである。単に主観的なものでなく、同時に客観的なものである。そして主体と環境とを媒介するものが技術である。人間の行為がかようなものであるとすれば、徳は有能であること、技術的にタクエツしていることでなければならぬ。徳のある大工というのは有能な大工、立派に家を建てることのできる大工であり、これに反してあるべきように家を建てることのできぬ大工は大工の徳に欠けているのである。徳をこのように考えることは、何か受取り難いように感ぜられるかも知れない。今日普通に、道徳は意志の問題と考えられ、徳というものも従って主観的に理解されている。しかるに例えばギリシア人にとっては、徳はまさに有能性、働きの立派さを意味したのである。

（後略）

（三木 清『哲学入門』）

1 **「人間のすべての行為は技術的である」（傍線部ア）とあるが、それはなぜか、説明せよ。**

（2005年度東京大学入学試験　国語　第1問より）

Hint

1 指示語・接続語に注目

2 この部分を使って解答をまとめてみよう

▶ 解答はP102へGO!

古文

次の文章は、近世に成立した平仮名本『吾妻鏡』の一節である。源平の合戦の後、源頼朝（二位殿）は、異母弟の義経（九朗殿）に謀反の疑いを掛け、討伐の命を出す。義経は、郎党や愛妾の静御前を引き連れて各地を転々としたが、静とは大和国吉野で別れる。その後、静は捕らえられ、鎌倉に送られる。義経の行方も分からないまま、文治二年（一一八六）四月八日、鎌倉・鶴岡八幡宮に参詣した頼朝とその妻・北条政子（御台所）は、歌舞の名手であった静に神前で舞を披露するよう求める。静は再三固辞したが、遂に扇を手に取って舞い始める。以下を読んで、後の設問に答えよ。

静、まづ歌を吟じていはく、

❶吉野山みねのしら雪踏み分けて入りにし人の跡ぞこひしき

また別に曲を歌うて後、和歌を吟ず。その歌に、

❷しづやしづしづのをだまき繰り返し昔をいまになすよしもがな

かやうに歌ひしかば、社壇も鳴り動くばかりに、ア上下いづれも興をもよほしけるところに、二位殿のたまふは、「今、八幡の宝前にて我が芸をいたすに、もつとも関東の万歳を祝ふべきに、人の聞きをもはばからず、反逆の義経を慕ひ、別の曲を歌ふ事、

▼出題箇所現代語訳

静がまず歌を吟じて言うことには、

「吉野山みねのしら雪踏み分けて入りにし人の跡ぞ恋しき」

（吉野山の嶺の白雪を踏み分けて、山の中へ入って行った人（義経）の行方が恋しい）

また、それとは別に曲を歌った後、和歌を吟じる。その歌では、

「しづやしづしづのをだまき繰り返し昔を今になすよしもがな」

（静よ静よ（と義経様は繰り返し私の名を呼んでくださった）　苧環（おだまき）から糸を繰り出すように、昔を繰り返して今にする手立てがあればなぁ）

こんな風に歌ったので、神社が鳴り動くほどに、（傍線部ア）おもしろいと感じていたところ、頼朝殿がおっしゃったことには、「今、八幡の神様の前で、私の芸を奉納するのにあたり、当然に、我々の長く久しい繁栄を祝わなければならないの

はなはだもつて奇怪なり」とて、御気色か《イ》はらせ給へば、御台所はきこしめし、「あまりに御怒りをうつさせ給ふな。我が身において思ひあたる事あり。君すでに流人とならせ給ひて、伊豆の国におはしまししころ、われらと御ちぎりあさからずといへども、平家繁昌の折ふしなれば、父北条殿も、さすが時をおそれ給ひて、ひそかに《ウ》これを、とどめ給ふ。

（後略）

に、人が聞いているのもはばからずに、反逆者の義経を慕い、（歌うべき曲とは）異なる曲を歌うということは、とても奇怪なことである」と言って、ご機嫌が悪くなりなさったので、（それを）政子がお聞きになって、「あまりお怒りを顔にあらわしなさるな。（私は）自分の身にとって、（静の歌うことに）思い当たることがある。あなたが既に流罪の人となりなさって、伊豆の国にいらっしゃった頃、（あなたが）私たちとご縁が浅くはない状態にあった（＝あなたと私は恋仲であった）といっても、平家が栄華を誇っていた時期なので、私の父もやはりその時分（の情勢）を恐れなさって、ひそかにこのことを制止なさった……」

1 **傍線部アを現代語訳せよ**

2 **「御気色かはらせ給へば」（傍線部イ）とあるが、なぜそうなったのか、説明せよ。** ❸

3 **「ひそかにこれを、とどめ給ふ」（傍線部ウ）とあるが、具体的には何をとどめたのか、説明せよ。** ❹

（２０１３年度東京大学入学試験　国語　第2問より）

Hint

❶「夫・義経が恋しい」という意味の歌

❷「今、夫・義経は追われる身となってしまっている。幸せに一緒にいられた昔に戻れたらいいのに」という意味の歌

❸ 頼朝は怒っています

❹「これ」は指示語。前の部分、「われらと御ちぎりあさからず」などを受けています

▶ 解答はP103へGO!

現代文解答

硬質な文章を読み解き、自分の理解を語り直す

現代文の問題は、漢字の書き取りを除き、すべてが記述問題。文章を読み解き、筆者が述べていることを自分なりに再構成して書き上げる必要があります

▶ 文章の紹介

徳とはどのような意味でしょうか。「思いやりが深い」や「修養を積んだ、すぐれた人格」のように答えた人が多いのでは？　一般的に、徳は気持ちの問題として考えられます。しかし、アリストテレスは「徳は活動である」と指摘しています。どんなに優しく立派な気持ちを持っていても、行為に移さなければ意味がないというのです。では、徳がある行為とはどのような行為なのでしょうか。設問を解きながら、そのことを読み解いていく大問です。今回は、議論の前提となる箇所をとりあげました。

▶ 問題の解説

傍線部の上を見ると、「かくて（こうして）」とあります。これは指示語であり、前の箇所を読めば、「なぜか」に対応する説明がありそうですね。

人間はつねに環境のうちに生活しているから。

と、答えになりそうな内容を見付けることができました。「つねに」という言葉が、傍線部「すべての行為」に対応しているといえるでしょう。

ただ、これを書いただけではピンときませんし、そもそも制限字数にも遠く及びません。そこで、「言い換えると」以降の部分を読み進めてみると、我々の行為が、自分たち自身と環境の両方から出てくるものだということが分かります。（その後の「単に能動的……」「単に主観的……」の部分は同じことを言い換えているだけです。）　そして、主体（自分たち自身）と環境を媒介するのが技術だと書かれています。我々が環境とかかわるときには、間に何かしらの技術が入るというのです。

　この三点を六十字にまとめると解答となります。

| 1 |

人間はつねに環境のうちに生活し、その行為は主体と環境の両方から生じるため、行為にあたり二者の媒介となる技術が不可欠だから。

古文解答

ひとつの作品として味わえているかどうか

近年は読みやすい文章が出されることが多く、古文単語などの知識水準でいえば、私立大学の方が難しいといえます。東大は作品を丁寧に読み解けているかどうかを素直に問う出題です

| 1 |

身分が高い人も低い人も皆

上下は「かみしも」と読んで、身分が高い人・低い人をまとめて呼ぶ言い方。静の舞を見てその場にいた全員が感じ入った様子を表現しましょう

| 2 |

頼朝ら幕府方の繁栄を祈るべき場なのに、反逆者義経を慕って舞ったから。

「気色かはる」は、表情や機嫌が変わることを意味する言葉。二位殿（頼朝）は「はなはだもつて奇怪なり」と静の舞に対して不快感を表明しています

| 3 |

平家隆盛の時勢下、流人の身の頼朝と娘の政子が夫婦関係にあること。

指示語なので、直前の内容をまとめます。「ちぎり」は「約束」にくわえ、「逢瀬、夫婦の交わり」をさす言葉です。政子は、父に頼朝との関係を反対されていたころのつらさを思い出し、義経が追われる身となっても慕い続ける静の一途さに共感したのです

日本史

12世紀末の日本では、西国を基盤とする平氏、東国を基盤とする源頼朝、奥羽を基盤とする奥州藤原氏の3つの武家政権が分立する状態が生まれ、最後には頼朝が勝利して鎌倉幕府を開いた。このことに関連する次の(1)～(5)の文章を読んで、下記の設問1～3に答えなさい。

(1) 1126年、藤原清衡は、平泉に「鎮護国家の大伽藍」中尊寺が落成した際の願文において、❶前半では自己を奥羽の蝦夷や北方の海洋民族を従える頭領と呼び、後半では天皇・上皇・女院らの長寿と五畿七道の官・民の安楽を祈願している

(2) 1180年、富士川で平氏郡を破り❷上洛しようとする頼朝を、東国武士団の族長たちは、「東国の平定が先です」と言って引き止め、頼朝は鎌倉に戻った

(3) 1185年、頼朝は、弟義経の追討を名目に、御家人を守護・地頭に任じて軍事・行政にあたらせる権限を、朝廷にせまって獲得した。その後義経は、奥州藤原氏のもとへ逃げ込んだ

(4) ❸地頭は平氏政権のもとでも存在したが、それは朝廷の認可を経たものではなく、平氏や国司・領家が私の「恩」として平氏の家人を任じたものだった

(5) はじめ、奥州の貢物は奥州藤原氏から京都へ直接納められていたが、1186年、頼朝は、それを鎌倉に経由する形に改めさせた。3年後、奥州藤原氏を滅ぼして平泉に入った頼朝は、整った都市景観と豊富な財宝に衝撃を受け、鎌倉の都市建設にあたって平泉を手本とした

| 1 |

奥州藤原氏はどのような姿勢で政権を維持しようとしたか。京都の朝廷および日本の外との関係にふれながら、2行以内で述べなさい

| 2 |

頼朝政権が、全国平定の仕上げとして奥州藤原氏政権を滅ぼさなければならなかったのはなぜか。❹朝廷の動きも含めて、2行以内で述べなさい

| 3 |

平氏政権と異なって、頼朝政権が最初の安定した武家政権（幕府）となりえたのはなぜか。❺地理的要因と武士の編成のあり方の両面から、3行以内に述べなさい

（2013年度東京大学入学試験　日本史　第1問より）

Hint

❶ 奥州藤原氏がさまざまな人々と関係をもっていたことがうかがえます

❷ 平安京のある京都にのぼること

❸ 教科書に一般的に書かれている知識ではない。この情報をどう使いこなすかがカギ。

❹ 朝廷側（後白河法皇）は義経に頼朝を討つよう命じている

❺ 平氏は清盛の代以降、京都を拠点としていた
『平家物語』には平氏一族の「都落ち」が描かれている

▶ 解答はP106へGO!

日本史解答

▶ **資料の読解**

(1) 願文前半から、奥州藤原氏が蝦夷（東北地方や北海道に住んでいた人々）を従え、海運貿易による利潤を財政基盤のひとつとしたことが確認できます。願文の後半からは、奥州藤原氏の朝廷との結びつきも読み取れます。天皇や上皇（次に天皇位を譲った者）、女院（皇太后・皇后ら）の健康を祈っていたという記述から、朝廷にたいして敬意を払っていたことがわかります。

(2) 源氏は東国（今の関東地方）の武士団を従え、勢力を大きくしていきました。当時の東国は、遠く京都の地の朝廷の監視が届きづらい位置にあり、朝廷にとっても悩みの種でした。頼朝も挙兵に際してはまず、朝廷や朝廷と組んでいる平氏の影響の薄い東国、自分のテリトリーの基盤固めからはじめたというわけです。

(3) 源平合戦勝利の立役者義経も、平家打倒後は兄・頼朝に追われ命を狙われることとなってしまいます。「判官贔屓」の言葉のもとになったように（この「判官」は義経の官職を指します）今も当時も人気のあった義経が頼朝政権に対して反乱を企てるのを恐れたためです。また後白河法皇が義経に頼朝を討つよう命じたことが、兄弟の決裂の画期となりました。義経は幼少期に庇護を受けた奥州藤原氏当主・藤原秀衡のもとに逃げ込みますが、ついに頼朝の手によって討たれてしまいます。この義経の悲劇の末路は後代、芸術作品の題材として人々に好まれ、『義経記』（軍記物語）や『義経千本桜』（人形浄瑠璃・歌舞伎）などといった名作が室町時代以降多く生み出されてきました。
ちなみにこの「1185年」という年号は、最近「鎌倉幕府の成立」の年であるとされることがあります。頼朝が征夷大将軍に任命された「1192年」よりも、守護・地頭の任命権を朝廷に認めさせたこの年を武家政権としての鎌倉幕府の成立の年と見る説が一般的になってきています。

(4) これは教科書にのっているような知識ではありませんが、この情報をうまく使って解答を作ることが要求されているわけです。平氏が家来との「私的」な主従関係にもとづき地頭（租税を管理する地方の役人）を任命したのに対し、朝廷から地頭の任命権を得て、配下の御家人（武士）を各地に配置することを通じて主従関係を「公的秩序」として確立したのが鎌倉幕府でした。幕府は御家人に領地を与え（御恩）、その見返りとして御家人は幕府に仕え、有事の際は軍事力を提供しました（奉公）。この関係を「封建制」と言い、これは中世の日本の社会構造を理解するうえでは欠かせないものとなっています。

(5) 「貢納」という語が使われているように、奥州藤原氏は朝廷に対し、臣従の態度をとっていたわけです。地理的な要因からも、ある程度独立した政権を確立していた奥州藤原氏は源平合戦中でも中立を保ち、兵馬を肥やしていました。そんな奥州藤原氏と朝廷が強く結びつくようなことがあっては、幕府の地位もゆるぎかねません。そのため資料(3)でもあったように、義経を藤原秀衡がかくまったのを口実に、頼朝は奥州藤原氏を滅ぼします。
この記述からもわかるとおり、奥州藤原氏の本拠地平泉（現・岩手県）は彼らの繁栄を伝えるものでした。平泉では奥州や北方の産物の富で京都文化を移入し、また北方など広い文化圏との交流の影響によって独自の文化が花開いていました。中尊寺や毛越寺など、頼朝もびっくりするほど豪奢な寺院を建立したのも奥州藤原氏です。2011年にそれらの遺跡群は世界遺産に登録されています。

資料・史料を読み解き、基礎知識と融合する

総合的な学力を試される問題です。高校で学習する通説とは異なる説を示唆する資料も出されるため、試験の現場において、自分の頭でしっかり考えることが期待されているといえます

▶ **解答例**

| 1 |

自らを蝦夷や北方民族の支配者と位置付ける一方、北方との交易等で得た産物を朝廷に献上しその支配下にあるという姿勢を示した

(60字)

| 2 |

頼朝追討を狙った朝廷と関係を深めた義経が、頼朝政権から独立して財力・軍事力をもった奥州藤原氏と結びつくことを恐れたため

(60字)

設問文にある「朝廷の動き」とは後白河法皇が義経に頼朝を討つよう命じたことであると考えることができます。その義経が、武家政権・奥州藤原氏とつながることで、頼朝政権に対抗しうる勢力ができあがるのを頼朝は恐れました。武家政権としての鎌倉幕府を打ち立てるためには、源氏が「唯一の武家政権」である必要があったわけです。奥州の富が魅力的であったことも指摘しておきます

| 3 |

京都で私的な武士団を形成した平氏に対し、頼朝政権は東国を実力で平定し政治基盤とするとともに、守護・地頭の任命権を朝廷に認めさせ、支配下の武士達との主従関係を公的秩序として確立した

(90字)

世界史

世界史において少数ながら征服者や支配者となったり、逆に少数ゆえに激しい差別や弾圧を受けたりしながら、さまざまな時代や地域で重要な役割を果たした人々がいた。また、こうした少数派に関わる事象が歴史の流れのなかで大きな意味をもつこともあった。これらをふまえて、以下の設問に答えなさい。

| 1 |

この民族は、その主な居住地域が歴史的な経緯からトルコ、イラク、イラン、シリアなどに国境線で分断されているため、各国における少数派となっている。また、第3回十字軍と戦ったサラーフ＝アッディーン（サラディン）も、この民族の出身である。この民族の名称を記しなさい。❶

| 2 |

南アフリカ共和国では、白人による少数支配体制のもと、多数派である非白人に対する人種差別と人種隔離の政策が採られていた。このアパルトヘイトに反対する運動に献身し、長い投獄生活を経て1993年にノーベル平和賞を受賞した後に、大統領となった人物の名前を記しなさい。

| 3 |

近世ヨーロッパでは教会公認の天動説に対して、地動説を唱えた少数の学者たちは自説の撤回や公表回避をしばしば強いられた。そうしたなかで、地動説の主張を曲げずに宗教裁判にかけられ、処刑されたイタリア人学者の名前を記しなさい。❷

（2013年度東京大学入学試験　世界史　第3問より）

Hint

❶ 現在、シリア国内の少数民族としてアサド政権、イスラム過激派の武装勢力などから弾圧されていることでも知られる

❷ ガリレオ・ガリレイも宗教裁判にかけられたが、その判決は終身刑。処刑されていない

火を自由にあつかえるようになると、人類は調理を知り、さまざまな食糧を手に入れることになった。食生活が安定するとともに、人類の生活圏は拡大していく。これに関連して、以下の設問に答えなさい。

| 1 |

漢の武帝は内政の充実とともに、西城などへの対外遠征にも積極的であった。そのために軍事費がかさみ、それをまかなうために鉄などを専売品とした。このとき専売品とされた飲食物が2つあるが、それぞれの名称を記しなさい。

| 2 |

酒を楽しむ歴史は長いが、飲酒を禁止したり制限したりする試みも、古くから繰り返されてきた。ドイツでは、1933年に政権を握ったナチスのもとで断酒法が制定され、慢性アルコール依存症患者も、強制的な不妊手術の対象に入れられた。こうした優生学的発想は、この政党の政権が第二次世界大戦の時期にかけて展開した。ユダヤ人などの大量殺戮にもつながった。この大量殺戮は何と呼ばれているかを記しなさい。❶

| 3 |

15世紀末以前のアメリカ大陸では麦や米の栽培は知られていなかったが、独自の農耕技術にもとづいて、ほかの作物が栽培されていた。それらは、以後、世界中に広まり、人口の増大にも寄与している。これらの作物名を2つ記しなさい。❷

（2011年度東京大学入学試験　世界史　第3問より）

Hint

❶ アウシュビッツ強制収容所では、毎日数千人がガス室で虐殺されたという。
収容所送りを恐れて隠れ家で暮らしたユダヤ人少女が書いたのが『アンネの日記』である

❷ トルティーヤの原料は？

▸ 解答はP110へGO!

世界史解答

「世界史のなかの少数派」

|1|

クルド人

最大規模の十字軍とも言える「第三回十字軍」を破ったことで知られるサラディン（正式にはサラーフ＝アッディーン）は現イラク北部の出身で、クルド人の一族に生まれました。

現在のクルド人の居住地はかつてのオスマン帝国領に含まれていました。ところが第一次世界大戦後、イギリス・フランスによって敗戦国であるオスマン帝国の分割が進むと、クルド人居住地はいくつもの国境によって分断されてしまいました。統一された「祖国」を持たない彼らは19世紀からトルコやイラク、イランなどで自治や独立を求める激しい闘争を続けてきました。その戦いは現在も続く一方で、これらの地域での政治的迫害をのがれて、日本を含めて世界各地に移民として居住する人たちも増加しています。

|2|

ネルソン＝マンデラ

ネルソン＝マンデラがその人生を賭して挑んだ、悪名高い人種隔離政策「アパルトヘイト」。

それは白人内の貧富の差から生まれる対立から目を背けさせるため、黒人を犠牲にして貧困層の白人を救済しようとした政策に端を発したものでした。レストランや病院、公衆トイレに至るまで白人用と黒人用に「隔離」されていたのはよく知られていることですが、ちなみにアパルトヘイト下の南アフリカにおいて私たち日本人は「名誉白人」としてあつかわれ、有色人種でありながら白人と同じ待遇を受けていました。それは非人道的なアパルトヘイトに欧米諸国からの反発が高まり経済制裁などが行われる中、南アフリカにとっては日本が重要な貿易相手であったためでした。人種の問題がきわめて政治的な問題として扱われた例のひとつといえましょう。

|3|

ジョルダーノ＝ブルーノ

「地動説」といえば真っ先に思い浮かぶのがコペルニクスやガリレオ＝ガリレイですが、自説の発表を控えたり撤回したりした彼らとは違い、1600年にイタリアで火刑に処されたのは「ジョルダーノ＝ブルーノ」です。さまざまな学者による地動説の流布は、航海術の発達などでその矛盾を示しはじめていた天動説を大きくゆるがしました。自分たちの公認する天動説を守りたい教会は、地動説を信じることを厳しく禁じます。ただし、教会が実際に地動説を信じる者を迫害する力があったかどうかは疑問がもたれています。彼らを宗教裁判にかけたのは、当時プロテスタントの台頭などで権威を失いつつあったローマ・カトリック教会の苦肉の策であったということもできます。

本質的な意味での知識力が問われる

聞かれている用語自体は難しいものではありませんが、教科書・用語集とは違う角度から説明されているものもあります。機械的・表面的な丸暗記でなく理解に基づく知識が必要です

「食生活と生活圏の拡大」

|1|

塩・酒

塩は交易により大きな利益を得られるものとして古来特別に扱われてきました。というのも塩は生活必需品で、いかに高くとも買わざるを得ないものだからです。そのため歴代の中国の王朝では、塩を専売品として課税し、財政難に陥るたびにその値段を釣り上げてきました。しかしこの増税が民衆を苦しめ、争いの種となったのです。300年間続いた大帝国「唐」が滅びた反乱の指導者となったのも黄巣という塩の「闇商人」でした。戦時中の日本でも戦費確保のため塩・タバコ・アルコールなどが専売とされ、これはごく最近まで続いていました。

|2|

ホロコースト

ナチスによるユダヤ人大虐殺を示す歴史用語として「ホロコースト」という呼称は私たちの耳には親しいものです。しかし実はこの呼称を避ける人たちもいます。というのも、「ホロコースト」というのは元来、古代ユダヤ教において犠牲の獣を祭壇で焼き、神にささげる祭事を意味する言葉です。そのため「神への生贄」という宗教的に肯定的ともとらえられうるこの語を避け、ヘブライ語で「大惨事」を意味する「ショアー」という用語が用いられることもあるのです。

|3|

トウモロコシ・ジャガイモ（ほかにトマト・サツマイモ・カボチャなど）

トマトをつかった「ピッツア」に「パスタ」、ドイツの「ジャーマンポテト」にイギリスの「フィッシュアンドチップス」。ヨーロッパ各国の「伝統料理」とも思われているこれらの料理も、実は歴史が「浅い」んです。というのもトマトもジャガイモもすべてアメリカ大陸原産。ヨーロッパにやってきたのは16世紀の大航海時代以降になります。ですが今となってはこれらの作物もヨーロッパの食生活とは切っても切り離せないものになっています。コロンブスの新大陸の発見は新しい食文化の発見にもつながりました。

数　学

円周率が3.05より大きいことを証明せよ

（2003年度東京大学入学試験　数学　第6問より）

Hint

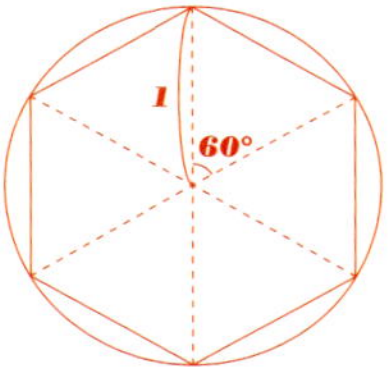

半径1の円に
正六角形を内接させた図

円に内接する正多角形を考えてみよう！

- この正六角形は1辺1cmの正三角形が6個集まってできており、周の長さは6cm
- この円周の長さは直径×円周率（π）で$2 \times \pi = 2\pi$
- 図より円周の長さ＞正六角形の周の長さなので$2\pi > 6$　$\pi > 3$
  では、$\pi > 3.05$を証明するには？

A、Bの2人がじゃんけんをして、グーで勝てば3歩、チョキで勝てば5歩、パーで勝てば6歩進む遊びをしている。
1回のじゃんけんでAの進む歩数からBの進む歩数を引いた値の期待値❷をEとする。❶

| 1 |

Bがグー、チョキ、パーを出す確率がすべて等しい❸とする。Aがどのような確率で❹グー、チョキ、パーを出すとき、Eの値は最大となるか。

| 2 |

Bがグー、チョキ、パーを出す確率の比が、a:b:cであるとする。Aがどのような確率でグー、チョキ、パーを出すならば、任意のa、b、cに対し$E \geqq 0$となるか。

（1992年度東京大学入学試験　数学　第6問より）

Hint

❶ 屋外の階段で、グーで勝ったら「グ・リ・コ」と３歩進む遊びをしたことはありませんか？
あの遊びを数学の問題にアレンジしたものです

❷ 期待値とは、とる値×確率の総和。
例：1/3の確率で60点、2/3の確率で75点なら1/3×60＋2/3×75＝20＋50＝70……「70点ぐらいとれそう」という目安になる。

❸ 等しいということは、
それぞれの手を出す確率は1/3

❸ Aがそれぞれを出す確率をp・q・rとおいて式をつくってみよう

▶ 解答はP114へGO!

数 学 解 答

三角比を用いた証明

半径1の円Cに内接する正12角形Pの周の長さをLとおくと、LはCの周の長さよりも小さいので、$2\pi > L$つまり$\pi > L/2$が成立する。以下、Lを求め、$L/2 > 3.05$であることを示せば、$\pi > L/2 > 3.05$より円周率が3.05より大きいと証明できる。

図1のようにCの中心をOとし、Pの隣り合う2頂点をA、Bとする。Oから辺ABに下ろした垂線の足をHとすると$AB = 2AH$なので、$L = 12AB$であることにより$L = 24AH$である。

図2より、$\sin 15^\circ = AH/1 = AH$なので、$L = 24\sin 15^\circ$とわかる。

$$\sin 15^\circ = \sin(45^\circ - 30^\circ) = \sin 45^\circ \cos 30^\circ - \cos 45^\circ \sin 30^\circ = \frac{\sqrt{6}-\sqrt{2}}{4}$$

と加法定理により計算できるので、$L = 6(\sqrt{6}-\sqrt{2})$となり、$L/2 = 3(\sqrt{6}-\sqrt{2})$となる。

$\sqrt{6} > 2.44$、$\sqrt{2} > 1.42$なので、$\sqrt{6}-\sqrt{2} > 2.44 - 1.42 = 1.02$が成り立つ。これより、$L/2 > 3 \times 1.02 = 3.06 > 3.05$が成り立つから、示された。

▶ 図1

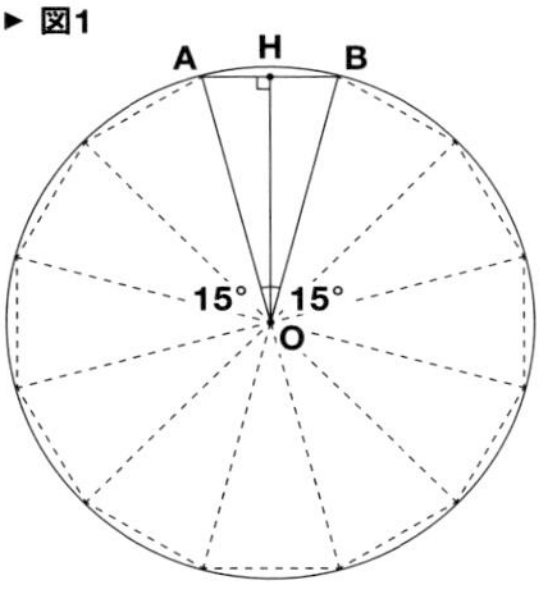

▶ 図2

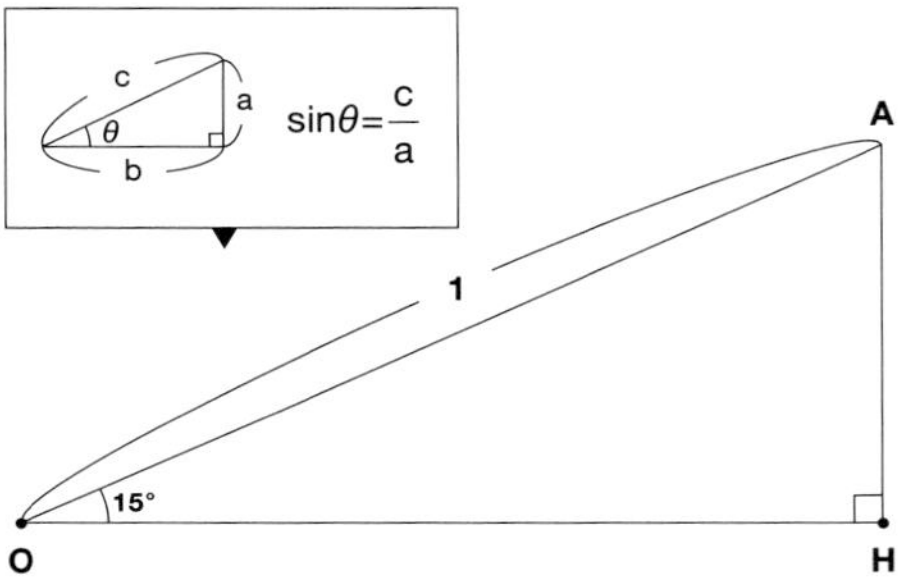

問題を読解し、手持ちの道具の活かし方を考える

東大数学も実は、教科書レベルの基礎知識に基づいて解く問題がほとんど。普段の問題集では見かけないような問題が出ても、動揺しないで、問題の意味を理解することが必要です

確率

|1|

Aがグー、チョキ、パーを出す確率をそれぞれp、q、r（$p+q+r=1$）とおく。

（Aが進む歩数）−（Bが進む歩数）は、2人が出す手に応じて以下のような表にまとめられる。

A＼B	グー	チョキ	パー
グー	0	3	6
チョキ	3	0	5
パー	6	-5	0

この表を用いれば、

$$E=3\times\frac{1}{3}p+(-3)\times\frac{1}{3}q+5\times\frac{1}{3}q+(-5)\times\frac{1}{3}r+(-6)\times\frac{1}{3}p=-p+\frac{2}{3}q+\frac{1}{3}r$$

となる。$q=1-p-r$なので、これをEに代入すると、

$$E=-p+\frac{2}{3}(1-p-r)+\frac{1}{3}r=\frac{2}{3}-\frac{1}{3}(5p+2r)$$

となる。$p\geqq 0$、$q\geqq 0$より、Eが最大になるのは、$5p+2r=0$つまり$p=r=0$のときである。このとき、$q=1$となる。よってグー、パーは一切出さず、チョキのみを出し続けるときに、Eは最大になる

|2|

a、b、cを確率そのものとしても一般性を失わない。1と同様にしてEを計算すると、

$$E=(6r-3q)a+(3p-5r)b+(5q-6p)c$$

となる。$E\geqq 0$が任意の$1\geqq a$、b、$c\geqq 0$に対して成り立つので、

$$6r-3q\geqq 0\cdots\cdots①、3p-5r\geqq 0\cdots\cdots②、5q-6p\geqq 0\cdots\cdots③$$

が成り立たなくてはならない。①、③より$6p\leqq 5q\leqq 10r$がわかるので、これより$3p\leqq 5r$がわかる。これと②より$3p=5r$がわかり、結局$6p=5q=10r$となる。これと$p+q+r=1$より、$p=5/14$、$q=3/7$、$r=3/14$となる。このとき、$E=0$となって、確かに$E\geqq 0$が成り立つ。よって、グー、チョキ、パーを5：6：3の割合で出せばよい

英語

POINT

❶長文でも聞き取れるリスニング力を養う

❷英文を読み解くスピードを速くする

❸自分の考えたことを発信できる
英語力を身につける

東大英語の特徴のひとつは30分間のリスニング。数100語の講義を聞きとらなければならず、大変ですが、留学や国際学会など、英語「で」学ぶためには不可欠な力を試されているのだといえます。

大人の英語力の証明としてはTOEICが使われますが、TOEICでもリスニングが重要。得点の半分を占めており、高得点を目指すならPart4の講義型がカギ。目で見てスピーディーに英文を読み解く訓練と同時に、耳の方も、遅いスピードの教材からはじめて徐々に鍛えていきましょう。

ところで、自由英作文の問題を見ると、高度な語彙・文法を使いこなすことは求められていないようです。これは実際に海外と打合せをするときなどと同じ。すごい英語を話すことが目的ではないのです。素早く意見をまとめ、論理的に相手に伝えることを訓練したいですね。

現 代 文

POINT

❶硬質な文章を読める
ボキャブラリーを身につける

❷読み解いたことを自分なりに語り直す

❸筆者の意見と自分の感想を区別する

東大側は「高等学校段階までの学習で身につけてほしいこと」として、「①文章を筋道立てて読みとる読解力」、「②それを正しく明確な日本語によって表す表現力」を挙げていますが、これは東大受験生に限らず、すべての人に求められる能力です。まず読解力の基礎として、硬い文章でも逃げずに読み解くことができる語彙力（ボキャブラリー）は不可欠です。テレビやインターネットの言葉がやさしくわかりやすいものに偏っている現代だからこそ、意識しないと身につけられない力だといえます。

現代文では、文章から読み取ったことを自分なりにまとめ直して述べることが求められます。ここで、明解な文章を書くことができる表現力に加えて重要になるのが、筆者の主張を自分の思い込みで曲げてしまわないようにすること。この姿勢は、日常の討論や伝言の中でも大切にしたいところです。

古文

POINT

❶古文は異世界の言語ではない

❷繊細な言語感覚で
一つひとつの表現を見つめる

❸基礎知識を活かして創意工夫を行う

「古文は外国語だと思って勉強しろ」というアドバイスをする先生もいますが、「古文はあくまで日本語である」というのが東大のスタンス。東大は、入試で古典を課すのは、「日本文化の歴史的形成への自覚を促し、真の教養を涵養《かんよう》するには古典が不可欠であると考えるから」だと述べています。日本人の教養として古典をとらえる姿勢は、「入試古文」というものへのアンチテーゼともいえます。入試のためだけに付け焼き刃の知識をつけて乗り切るような向き合い方ではなく、作品として味わうような姿勢が期待されているのではないでしょうか。もちろんそのためには現代語と古文の単語・文法の違いが基礎知識として必要ですが、知識自体が目的になっては意味がありません。出題箇所になるのは、一語一語を丁寧に見つめ、そのニュアンスを繊細にくみとって表現することを求められる箇所が中心です。

日本史

POINT

❶流れや因果関係を理解する

❷基礎知識をもとに資料・史料を読み解き、意味づける

❸主張を簡潔に表現する

日本史というと、「794年　鳴くよウグイス平安京」のような年号語呂合わせが思い浮かぶ人も多いのではないでしょうか。東大で求められているのはそういう表面的な知識でなく、本質的な理解です。

小学校で歴史を習う際には、聖徳太子や織田信長など、有名な歴史上の人物のすごさや性格などを教えられることが多かったと思います。しかし、実際、歴史はひとりのヒーロー・ヒロインによってだけ動くのではありません。背景には、経済・文化などの社会的要因があることが多いものです。名もなき人々の集合体は、将軍や総理大臣よりも力をもつこともあるのです。

東大日本史の問題からは、そうした歴史の実像が浮かび上がってきます。資料・史料の提示を通じて、解くものに歴史の真実を探求させるような問題になっているのです。

世界史

POINT

❶世界史の全体像を理解する

❷単なる用語暗記に留まらず、本質的に理解する

❸現代世界の一員としての教養を学ぶ

日本史では、日本一国の歴史を丁寧に学んでいきますが、世界史は、世界の総体をとらえようとするわけで、広い視野の必要な科目だといえます。東大でも、東西世界の交流や世界の貿易発達などを述べさせる大論述問題（600字程度）が出題されていますが、これは本質的な理解を落としこめていないと太刀打ちできない問題です。用語問題ひとつとっても、本質的理解を求める姿勢が伝わってきます。

現在の複雑な中東情勢の背景には、1300年以上前から続く宗派対立の問題があります。アフリカの貧困の背景には、先進国がかつて植民地政策を推し進めたことがあります。昨今ブラック企業の問題が取り沙汰されていますが、8時間労働制という概念はかつて産業革命が進展する中で生まれてきたものです。こうした現代世界の問題を理解する基礎として、世界史の教養を身につけることが役立つでしょう。

数学

POINT

❶手持ちの武器
（基礎的な知識・計算処理能力）を磨く

❷初見の問題でも、分析し、
自分の知識や経験に結びつける

❸複数の解法を立案し、比較検討する

東大数学の問題に臨む姿勢はどこか仕事に取り組むときの姿勢に通じるものがあります。

高校生が日頃数学を勉強する際には、問題集に「二次関数」「数列」などの分野名が冠されています。彼らは慣れ親しんだ公式・解法パターンに当てはめて問題を解きます。しかし、東大数学では、問題を見ても、何をしていいかがすぐには判別できないことが多いです。じっくりと問題と向き合い、意味を考え、自分が学んできたことと結びつける思考力が求められます。時には、複数の解答候補が浮かぶこともあります。その際には、限られた試験時間の中で実際にできるやり方はどれなのかを比較検討して選び出す必要があります。

難しく見えた問題でも、実は、各分野の基本概念や計算の工夫など、基礎的能力の運用で解けるようになっています。日ごろから手持ちの武器を研いでいるかが問われます。

▼Theme

実際、東大はどうなの? ❶

東大のカリキュラムとは?

「東大で学ぶ」というとなにやら凄そうですが、実際どんなカリキュラムで学んでいるのでしょう?　ここでは、入学してから東大で学べる講義の特徴をご紹介します。

こんな勉強がよかった

1. 幅広い教養
   〜レイト・スペシャリゼーション〜
2. 語学
3. ゼミ・卒業論文の主体的な学び

1学年約3000人がともに教養課程で学ぶだけに、開講される授業の数も多く、ひとつの時間帯に何十個も開講されていることも。進学先は1・2年の成績で決まるため、学生たちは興味と難易度を踏まえ、真剣に選ぶ

東大の場合、入学後2年間は全員が教養学部で過ごします。**レイト・スペシャリゼーション**といい、専門分野に進む前に、広い見識、人間的素養を培おうという仕組みです。米国の大学教育のあり方（専門課程は大学院以降、学部4年間は教養教育中心）にならった仕組みといわれています。

文系学生も理系科目が必修になっており、現代社会を考える上で役立つ理系的素養を身につけることができます。希望進路が明確な学生にとっ

特色がある授業もたくさん

- **ALESS**（英語で実験、プレゼンをする）
- **文系向けの生命科学**
（クローンや遺伝子組み換えなど社会的に話題のトピックの科学的仕組みを説明）
- **フォーミュラ・レーシングカーをつくる**
- **現代教育論**
（理想の学校のパンフレットをつくる）
- **美術論**（名画の見方がわかる）
- **座禅**（90分間ただひたすら座禅をくむ）
- **ジェンダー論**（性産業の問題を考える）、etc

てはもどかしい期間のようですが、各学問の片鱗にふれることで、高校生のころに気付かなかった興味を見出し、理系から文系、文系から理系へ進路を変える学生もいます。

語学重視も東大の特徴でしょう。東大入試合格が前提なので、必修の英語も怒涛の英文量、リスニング量です。**理系学生には科学技術英語を学べる授業**もあります。第二外国語の授業が最大週6コマ受けられる、**サンスクリット語などのマイナー言語**も学べる、といった大規模大学ならではのメリットもあります。

専門課程に進むと、少人数授業が中心でした。卒業論文は自主性に任せられる部分が大きく、自分で計画・調査・執筆すべてを担い、4万字の論文を書き上げた経験は今も自信になっています。

▼Theme

実際、東大はどうなの？❷

東大生は〝勉強好き〟か？

勉強好きと思われがちな東大生。でも、あくまで勉強するのはその手段だとわかっている人たちが多いです。単なる“ガリ勉”でない友人たちに多くの刺激をうけました。

東大生が勉強する理由

1. 勉強で広がる世界のおもしろさを知っている
2. 「勉強して当たり前」な凄い先生・友人がいる
3. 成果の出る勉強習慣をもっている

大学生らしい楽しみも存分に謳歌しながら、当たり前のように勉強もしているという人が結構いる。理系の友人と話していると、「卒業研究前は何十日も大学に泊まり込んじゃいましたよ」といった話がさらっと出てくる

ちまたの東大生に「勉強好きですか」と聞いてみても、「はい」という回答は少ないかもしれません。私自身、入学後しばらくは受験勉強の反動で遊ぶことに夢中でした（笑）。

しかし、大学で出会った人の顔を改めて思い浮かべてみると、「みんなよく勉強していたな」のひと言に尽きます。**好奇心を発揮し、楽しそうに勉強・研究に励む**人がたくさんいましたね。

ガリ勉型の人はむしろ少なかったように思います。サー

在学中から夢に突き進んだ人も

- **山田淳さん**（登山ガイド）

  東大在学中の23歳のとき、七大陸最高峰登頂の最年少記録（当時）を樹立。
  現在は登山用品のレンタル事業を立ち上げる

- **猪子寿之さん**（チームラボ代表取締役社長）

  東大・東工大の学生を集め、チームラボを創業。
  文化×テクノロジーで挑戦を続ける

- **春風亭昇吉さん**（落語家）

  全日本学生落語選手権で優勝、卒業後春風亭昇太に入門して
  東大出身初の落語家に

クルやアルバイトなど、さまざまなことに取り組みつつ、自分が必要だと思ったことはしっかり勉強しているというタイプが多かったですね。

留学や大学院進学、資格取得など、自分の未来を切り拓くためにコツコツ勉強をしている人も多く、弁護士や公認会計士の早期合格を目指す友人たちは早いうちから勉強していました。「せっかく受験が終わったのだから遊べばいいのに」と口ではいいつつ、内心「すごいな」と思っていたものです。

先生方も研究に熱心でした。**尋常でなく賢い人が尋常でない量の努力をしている**。そんな姿を目の当たりにすると、「自分なんかがダラダラしているわけにはいかない、がんばらなくては」と思わずにはいられませんでした。

▼*Theme*

実際、東大はどうなの？❸

東大に入っていまに活きること

東大を出ても、「東大卒」という肩書はつきもの。ですが、それをどう活かすかはその人次第。東大というプレッシャーに負けずに、うまく活かしていくことが大切です。

「人間は学歴ではない」ともいわれますが、何だかんだいって「東大卒」という肩書は一定の信頼・評価につながるものだと実感しています。

ただ、この肩書にはメリットがあるのと同時に、強烈なデメリットでもあります。「**東大卒なのに使えないね**」などといわれてしまうのではないか。そんなプレッシャーを、多くの東大生・卒業生が抱えているのではないでしょうか。

私の場合は、この恐怖を抱

東大卒のメリット

1. 「東大卒」という肩書
2. 「やればできた」という成功体験、自信
3. 最先端の世界で活躍する友人たち

同窓会などの機会があると、それぞれが活躍する業界の裏話が聞けておもしろい。とても忙しそうなのに、いきいきと仕事の話をする友人を見ると、自分もみんなに前向きな報告ができるように頑張ろうという気持ちになる

東大卒のデメリット

1. 「東大＝勉強だけ」というレッテル
2. 東大合格の燃えつき
3. ブランドの重圧

東大という1点で「勉強ばかりしている」と思われてしまったり、なんとなく距離を置かれてしまったりすることも。東大生の中には、合格したことで燃え尽きてしまったり、周りの同級生のすごさに劣等感を感じたりしている人も

いているからこそ、慢心せず、日々自分を磨き続けていこうと考えています。

積極的な挑戦や努力を支えているもののひとつに、東大に合格したという成功体験があると思います。**自分の能力と努力で高い壁を乗り越えたという体験が、「自分はやればできるんだ」という自信につながっている**のです。

いくつになっても、東大合格を自慢しているような人もいますが、**東大までで終わる人**になっても仕方ありません。健全なプライドを胸に**「東大の先」**へ進み続けていきたいと思います。

最近はＳＮＳなどで同級生たちの活躍を聞く機会も増えました。さまざまなフィールドで、いきいきと活躍している友人の存在は、現在も自分の成長には欠かせません。

東大生の超勉強法

2013年10月30日　第一版第一刷発行
2016年 5月20日　第一版第六刷発行

発行人　角 謙二
編集人　高橋俊宏
編集　一柳明宏
安藤巖乙
渡邉一平
イラスト　アライマリヤ
発行・発売　株式会社枻(えい)出版社
〒158-0096　東京都世田谷区玉川台2-13-2
販売部　03-3708-5181
印刷・製本　大日本印刷株式会社

デザイン　ピークス株式会社

ISBN978-4-7779-2993-1
定価はカバーに表示してあります。
万一、落丁・乱丁の場合は、お取り替え致します。

for tasty life
枻《えい》出版社

著者　吉田裕子

三重県四日市高校から塾・予備校を利用せずに、東京大学文科Ⅲ類に現役合格。全国模試5位や東大模試2位をとったことも。教養学部超域文化科学科を学科主席で卒業。現在は大学受験予備校で古文・現代文を教えつつ、大人向けの古典講座や老人ホームでの朗読教室を開催。モットーは「国語で感受性と対話力を磨いたら人生はもっと楽しい」。著書に『正しい日本語の使い方』、『源氏物語を知りたい』、『百人一首を知りたい』（小社刊）
http://yukoyoshidateacher.jimbo.com